Les spécialités régionales des pâtisseries françaises

フランスの素朴な地方菓子

長く愛されてきたお菓子118のストーリー

下園昌江　深野ちひろ

Introduction

「フランス菓子」という言葉はよく耳にしますが、
「フランスの地方菓子」とはなんだろう？　と思う人もいるかもしれません。

日本各地にその土地の銘菓があるように、
フランスにもその土地で親しまれている郷土菓子があります。

バターや卵、小麦粉といった、身近な素材を使ったものが多く、
そのほとんどが焼きっぱなしで素朴なもの。

ただこれらのお菓子は「素朴」という言葉では表せないほどの
歴史や背景など、奥深いストーリーを持っています。

「どうしてこのお菓子がこの土地に生まれたのか」
「なぜ長い時間を経て、今なお親しまれているのか」

そのお菓子が誕生した歴史や由来を知ると、
その答えが見つかるかもしれません。

この本は、フランスの地方菓子が大好きで、
現地に足を運んでお菓子を食べ歩いた２人が
それぞれのお菓子について調べてまとめた一冊です。

フランスのお菓子を愛する方、
フランスの地方菓子をもっと知りたいという方にとって、
なにかのヒントになれば嬉しく思います。

フランスの地方菓子の旅へ　Bon voyage!

Sommaire

- 2 Introduction
- 8 フランスのお菓子の変遷
- 10 お菓子が生まれた背景
- 12 地方ごとのお菓子の特色
- 14 お菓子に出会える場所
- 16 フランスの代表的な伝統菓子
- 18 お菓子の素材
- 20 お菓子の生地
- 22 クリーム、ソース、仕上げなど

- 24 フランスの地図
-    本書の見方について
-    レシピのルールについて

フランスの地方菓子

26

イル゠ドゥ゠フランス地方
ピカルディ地方
ノール゠パ゠ドゥ゠カレ地方

Île-de-France
Picardie
Nord-Pas-de-Calais

- 28 パリ゠ブレスト
- 30 コンヴェルサシオン
- 31 ポン゠ヌフ
- 32 サン゠トノーレ
- 33 マカロン・パリジャン
- 34 ニフレット
- 35 クレーム・シャンティイ
- 36 ガトー・バチュ
- 38 マカロン・ダミアン
- 39 クラミック
- 40 タルト・オ・シュクル
- 41 ゴーフル・フーレ

44

アルザス地方
Alsace

- 46 クグロフ
- 48 アニョー・パスカル
- 49 タルト・オ・フロマージュ・ブラン
- 50 ブレデル
- 51 ベラヴェッカ
- 52 マナラ
- 53 フォレ・ノワール
- 54 アルザス風のフルーツタルト
- 55 ケーク・エコセ
- 56 タルト・リンツァー
- 57 アルザスのパン・デピス

60

ロレーヌ地方
Lorraine

- 62 マドレーヌ
- 64 ババ
- 66 ミラベルのタルト
- 67 ヴィジタンディーヌ
- 68 マカロン・ドゥ・ナンシー
- 69 ベルガモット・ドゥ・ナンシー
- 70 ガトー・オ・ショコラ・ドゥ・ナンシー
- 71 メレンゲ

74

ブルターニュ地方
ノルマンディ地方
Bretagne
Normandie

- 76 ガレット・ブルトンヌ / パレ・ブルトン
- 78 クイニー＝アマン
- 79 クレープ
- 80 ガトー・ブルトン
- 81 ファー・ブルトン
- 82 キャラメル・オ・ブール・サレ
- 83 ファリュ
- 84 タルト・ノルマンド
- 86 ルーアンのミルリトン
- 87 サブレ・ノルマン

88

サントル＝ヴァル＝ドゥ＝ロワール地方
ペイ＝ドゥ＝ラ＝ロワール地方
Centre-Val-de-Loire
Pays-de-la-Loire

- 90 タルト・タタン
- 92 ピティヴィエ・フィユテ
- 94 ピティヴィエ・フォンダン
- 95 モンタルジーのプラリーヌ
- 96 ヌガー・ドゥ・トゥール
- 97 クレメ・ダンジュー

98 ガレット・ナンテーズ
99 ガトー・ナンテ

100
ブルゴーニュ地方
ローヌ゠アルプ地方
フランシュ゠コンテ地方
シャンパーニュ゠アルデンヌ地方
Bourgogne
Rhône-Alpes
Franche-Comté
Champagne-Ardenne

102 ディジョンのパン・デピス
104 アニス・ドゥ・フラヴィニー
105 クロケ・オ・ザマンド
106 ガレット・ペルージェンヌ
107 ガレット・ブレッサンヌ
108 クッサン・ドゥ・リヨン
110 ガレット・ドフィノワーズ
111 タルト・オ・プラリーヌ・ルージュ
112 ブリオッシュ・ドゥ・サン゠ジュニ
113 スイス・ドゥ・ヴァランス
114 モンテリマールのヌガー
115 ガトー・ドゥ・サヴォワ
116 ペ゠ドゥ゠ノンヌ
117 ビスキュイ・ドゥ・ランス

120
アキテーヌ地方
ポワトゥー゠シャラント地方
ミディ゠ピレネー地方
リムーザン地方
バスク地方
Aquitaine
Poitou-Charentes
Midi-Pyrénées
Limousin
Pays Basque

122 カヌレ・ドゥ・ボルドー
124 ダコワーズ
125 プリュノー・フーレ
126 くるみのタルト
127 ミヤス
128 トゥルトー・フロマジェ
129 ブロワイエ・デュ・ポワトゥー
130 ガトー・ア・ラ・ブロッシュ
132 トゥルト・デ・ピレネー
133 クルスタッド・オ・ポム
134 フェネトラ
135 すみれの花の砂糖漬け
136 クラフティ
137 サン゠ジャン゠ドゥ゠リュズのマカロン
138 ガトー・バスク
140 ベレ・バスク
141 トゥーロン・バスク

142

プロヴァンス=アルプ=コート・ダジュール地方
ラングドック = ルシヨン地方
コルシカ島

Provence-Alpes-Côte d'Azur
Languedoc-Roussillon
Corse

- 144 コロンビエ
- 146 ナヴェット
- 147 松の実のクロワッサン
- 148 フリュイ・コンフィ
- 149 フガス
- 150 トロペジェンヌ
- 152 カリソン・デクス
- 153 クロッカン
- 154 ルスキーユ
- 155 ブラン=マンジェ
- 156 クレーム・カタラーヌ
- 157 カニストレリ
- 158 フィアドーヌ

- 160 まだまだ紹介したい
地方菓子と伝統菓子

レシピから見る
フランスの地方菓子

- 164 マカロン・ダミアン
- 166 アニョー・パスカル
- 168 マドレーヌ
- 170 パレ・ブルトン
- 172 ピティヴィエ・フォンダン
- 174 ガトー・ドゥ・サヴォワ
- 176 トゥルト・デ・ピレネー
- 178 コロンビエ
- 180 ナヴェット
- 182 クロッカン
- 184 カニストレリ

- 186 フランス菓子店案内
- 190 索引

colonne

- 42 地方ごとに異なるマカロン
- 58 ブリオッシュ生地の地方菓子
- 72 お菓子の型について
- 118 フランスの行事とお菓子

フランスのお菓子の変遷

フランス菓子はどうやって生まれ、どのように発展してきたのか。それを知るために、まずはフランスの歴史から辿っていく。

「フランス菓子」というと、華やかに装飾された美しいお菓子をイメージする人が多いだろう。しかし、フランス各地で食べられているお菓子は、焼きっぱなしで素朴なものが多い。

その原点を紐解くと、紀元前1世紀まで遡る。その頃のフランスはローマ人に支配され、「ガリア」と呼ばれていた。この時代には、ナッツやハチミツを使ったお菓子の原型があった。またすでに祭りや宗教儀式の際にはお菓子の存在があったという。3世紀になるとフランク人がこの地に侵入し、次第に勢力をのばす。やがて「フランク王国」が誕生し、多神教からキリスト教に改宗する。これが後々のキリスト教にまつわるお菓子の誕生にも繋がる。

お菓子の発展で重要な役割を果たしたのは修道院である。当時の修道院は厳しい戒律の下で生活をしていた。一方でその土地の領主として、小麦粉や卵、ハチミツなどを農民から入手し、一般にはなかったオーブンも所有していたという。そのため修道院では様々なお菓子が作られた。

また、諸外国の影響を受けて誕生したお菓子も多い。11〜13世紀に行われた十字軍の遠征では、スパイスや砂糖などが東方からもたらされた。ほかにも、イギリスから移り住んだケルト人、地中海から攻めてきたアラブ人、北欧からきたヴァイキング、領地争いをしたドイツなど、様々な外的要因により新たなお菓子が伝わった。

近隣国からフランスへ嫁いだ王妃たちに

よっても新たなお菓子は伝わった。イタリアのカトリーヌ・ドゥ・メディシスはマカロンを、スペインのアンヌ・ドートリッシュやマリー・テレーズはチョコレートを、オーストリアのマリー・アントワネットはクロワッサンやクグロフを広めたといわれる。多くの食文化がフランスに伝わり、宮廷文化のなかで発展していった。

　それが大きく変わるのは、1789年のフランス革命である。修道女やそれまで王家や貴族に仕えていた料理人や菓子職人たちが追い出され、世間一般に姿を現し、レストランやパティスリーが誕生した。

　天才菓子職人のアントナン・カレームの存在も無視できない。彼は工芸菓子や造形美溢れるお菓子を生み出し、現在の「美しいフランス菓子」に大きな影響を与えた。加えて、砂糖の普及や冷蔵技術の発達により、華やかなフランス菓子は都市を中心に発展していく。

　一方で、キリスト教信者の多いフランスの庶民にとって、お菓子は宗教行事や儀式にまつわるもの、手に入りやすい食材や特産物を使った素朴なものであった。

　フランス菓子には、国の歴史を反映して、このような多面性がある。華やかなフランス菓子は一面に過ぎず、様々な背景を持って生まれてきた地方菓子が数多く存在する。それらのお菓子は、なかには消滅しかけているものもあるが、多くがその土地の人々に継承され、長い時を経て現在も親しまれている。

お菓子が生まれた背景

ひとつのお菓子が誕生するまでには、様々な背景がある。
その背景を知れば、よりいっそうお菓子が味わい深くなるはず。

土地の産物を活かしたもの

その土地で育った農作物や良質な乳製品は、自ずとお菓子に使われるようになった。たとえばロレーヌ地方のミラベルやペリゴールのくるみが挙げられる。栽培や製造方法、最終的な品質がフランス国内の基準を満たしたものは A.O.C.（原産地統制名称）に認定される。現在は EU が規定する A.O.P. に移行中で、将来は統合予定。

修道院で生まれたもの

中世のお菓子作りの重要な場となったのが、厳しい戒律の下で自給自足の生活を営んでいた修道院。当時の修道院には豊富な資金力があり、一般には普及していないオーブンを所有し、高価な砂糖を入手できるなどお菓子作りの環境が整っていた。修道院から生まれたお菓子はフランス革命をきっかけに外の世界へ広がった。

キリスト教の季節行事に関するもの

元々キリスト教の儀式には、パンや小さな焼き菓子が用いられていた。なかにはそれが一般的に食べられるようになったものもある。コルシカのカニストレリなどがそうだ。季節行事としては復活祭やクリスマスなどが代表的だが、そのほかの行事でもお菓子を食べる習慣がある（P118）。

外国の影響を受けたもの

十字軍の遠征で東洋の国々からスパイスが運ばれてきたり、戦争による領土支配でその国の食文化が伝わったりした。またイタリアのメディチ家に代表されるように、近隣諸国から王妃を迎えることにより新たに伝わった食文化の影響も大きい。ほかにも貿易で遠く離れた国の素材を入手できるようになったことも、お菓子の誕生に貢献した。

ハプニングや偶然から生まれたもの

タルト・タタンのように、偶然や失敗からたまたま生まれ、その美味しさから作り続けられて伝統になることがある。菓子職人の代わりに急遽女中が代理で作ったマドレーヌや、乾いたパンをお酒に浸してみたら美味しかったババなども偶然から生まれたものである。

伝説や歴史から生まれたもの

その地に伝わる伝説を基に、エピソードにのせてお菓子を作ることがある。プロヴァンス地方では聖母マリアの伝説を基にナヴェットが、リヨンの伝説からクッサン・ドゥ・リヨンが生まれた。またローマ教皇ピウス6世が亡くなったヴァランスで誕生したスイス傭兵を模ったサブレなど、歴史的な出来ごとに由来するものもある。

地方ごとのお菓子の特色

肥沃な大地で生まれた農作物や良質な乳製品を活かしたお菓子は地方色豊か。それぞれの地方菓子の特色を簡単にご紹介。

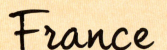

*北フランスはピカルディ、ノール＝パ＝ドゥ＝カレを指す。サントルはサントル＝ヴァル＝ドゥ＝ロワールを指す。フランス東中央は、ブルゴーニュ、ローヌ＝アルプ、フランシュ＝コンテ、シャンパーニュ＝アルデンヌを指す。フランス南西はポワトゥー＝シャラント、アキテーヌ、ミディ＝ピレネー、リムーザン、バスクを指す。南フランスはラングドック＝ルシヨン、プロヴァンス＝アルプ＝コート・ダジュールを指す。

イル=ドゥ=フランス、北フランス*
P26

首都パリのあるイル=ドゥ=フランスは、華やかなお菓子が多く、種類も豊富。ピカルディやノール=パ=ドゥ=カレでは名産の甜菜糖を使用するお菓子をはじめ、隣国ベルギーと共通するものも多い。

ロレーヌ
P60

特産のミラベルを使ったお菓子や修道院から生まれたお菓子が有名。18世紀にこの地を治めた美食家のスタニスラス・レクチンスキー公がもたらしたマドレーヌやババなどのお菓子のエピソードも興味深い。

サントル*、ペイ=ドゥ=ラ=ロワール
P88

かつてのブルターニュ公国の首都ナントがあるペイ=ドゥ=ラ=ロワールではその歴史を感じるお菓子や貿易で入った素材を活かしたお菓子が多い。サントル=ヴァル=ドゥ=ロワールは果物や穀物を用いたものが多い。

フランス南西*
P120

良質なバターやプルーンなどの名産物、海沿いの地域では他民族の侵入や貿易により伝わった素材を活かしたお菓子がある。独特の文化を持つバスクではスペインからチョコレートが伝わり根付いている。

アルザス
P44

かつてフランスとドイツで何度も領土争いがあったことから、両国の特徴を併せ持つ。そのためお菓子も、ドイツの影響を受けたものが多い。乳製品や果物にも恵まれ、それを使ったお菓子やジャムも美味しい。

ブルターニュ、ノルマンディ
P74

どちらの地域も、特産の乳製品をふんだんに使ったお菓子が多い。ブルターニュは名産の塩を使用した有塩バターを、ノルマンディはりんごを使ったお菓子が多く、土地の産物がおおいに活かされている。

フランス東中央*
P100

果物のお菓子よりも、バターや小麦粉、ナッツを使った素朴な焼き菓子が多い。フランス全土で定番のパン・デピスの中心地があり、ブリオッシュをベースにした発酵菓子のバリエーションも見られる。

南フランス*、コルシカ
P142

温暖な気候で栽培されるアーモンドや柑橘類を使用したお菓子が多く、バターの代わりにオリーブオイルを使用することもある。また香り付けとしてオレンジの花の水を使用することも特徴。

お菓子に出会える場所

町中のいたるところでお菓子に出会えるフランス。おやつから特別な日のデザートまで、それぞれのお店で何が楽しめるのかをご案内。

パティスリー

専門技術を持つパティシエが作り出す菓子専門店。生菓子、焼き菓子、ショコラなど種類豊富にそろう。パンや惣菜を扱うお店もある。基本的にはテイクアウト。

ブーランジュリー

パン専門店。バゲットなどベーシックなパンから、気軽に食べられるエクレアやフランなど、日常的なおやつ感覚のお菓子が多い。発酵菓子も味わえる。

ショコラトリー

チョコレート専門店。板チョコレートやひと口サイズのチョコレートがそろう。それ以外にコンフィズリーを作る店も多い。高級感があり、贈り物に買いにくる人も。

コンフィズリー

キャンディーやヌガー、キャラメルなどがそろう砂糖菓子専門店。1個から量り売りで買える店が多い。おやつのほか、贈り物を選ぶ場所としても親しまれている。

サロン・ドゥ・テ

優雅な空間でゆっくり紅茶とお菓子を楽しめる場所。なかには100年以上続く老舗も。サンドイッチなどの軽食のほか、パティスリーと同じような生菓子を味わえる。

カフェ

普段使いでコーヒーやお菓子を気軽に味わえる場所。発酵菓子など手づかみで食べられる気軽なお菓子や、クレーム・ブリュレのようにシンプルなデザートを作るお店もある。

レストラン

ビストロではババやクレーム・ブリュレなどを、星付きレストランでは芸術的な一皿が味わえる。クラシックなお店ではワゴンにお菓子が並ぶワゴンデセールを楽しめることも。

マルシェ

地元のブーランジュリーが出店していることが多く、その土地のパンやお菓子を販売している。また乳製品のお店ではフロマージュ・ブランのお菓子を見かけることも。

スーパー・百貨店

スーパーでは主に大手メーカーのクッキーやチョコレートなどが、百貨店ではより高級なものが多くそろう。またパリの有名百貨店ではフランスの地方菓子が種類豊富に並ぶ。

それぞれの家庭

オーブン要らずのクレープやあまったパンを利用したパン・ペルデュなどが定番。作りやすいシンプルなものが多く、それぞれの家庭に独自の味がある。

フランスの代表的な伝統菓子

地方菓子としてはくくれない、フランスのパティスリーで出会える代表的な伝統菓子をご紹介。

エクレア
Éclair

シュー生地を使ったお菓子のひとつ。細長いシューにクリームを入れ、表面にチョコレートや糖衣をかける。コーヒーとチョコレートの2種類の味が定番。19世紀半ばにリヨンのパティシエが考案したという説がある。

Données ⓒ 生菓子　ⓟ パータ・シュー　ⓢ クレーム・パティシエール、フォンダン　Ⓜ バター、卵、砂糖、小麦粉、牛乳、塩、フォンダン、コーヒー、チョコレートなど

オペラ
Opéra

パリのオペラ座をイメージしたチョコケーキ。コーヒーシロップを含んだジョコンド生地に、ガナッシュとコーヒーのバタークリームを挟み、表面をチョコと金箔で仕上げる。パリのパティスリー「ダロワイヨ」が考案したとされる。

Données ⓒ 生菓子　ⓟ ビスキュイ・ジョコンド　ⓢ クレーム・オ・ブール、ガナッシュ、グラサージュ・ショコラ　Ⓜ バター、卵、砂糖、アーモンド、小麦粉、牛乳、生クリーム、チョコレート、コーヒー、金箔

モン=ブラン
Mont-Blanc

「白い山」を意味し、アルプス山脈のモン=ブランのことを指す。イタリアの家庭菓子が原型で、パリのサロン・ドゥ・テ「アンジェリーナ」が、メレンゲにクリームを搾った形を提案。日本のものは、東京の「モンブラン」初代店主の考案。

Données ⓒ 生菓子　ⓟ パータ・ムラング　ⓢ クレーム・シャンティイ、クレーム・ドゥ・マロン　Ⓜ 卵白、砂糖、生クリーム、マロンクリーム

ミルフィーユ
Millefeuille

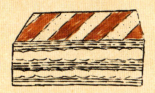

「千枚の葉」という意味を持つ。何層にも重なったパイ生地にカスタードクリームを挟む。伝統的なものは表面をフォンダンで仕上げ、矢羽模様を付ける。考案者は、菓子職人のアントナン・カレームとも、ルージェともいわれる。

Données ◎ 生菓子　② パート・フィユテ　⑤ クレーム・パティシエール
Ⓜ バター、卵、砂糖、小麦粉、牛乳、塩

フラン・パティシエール
Flan Pâtissier

タルト生地にカスタードクリームを流してオーブンで焼く、フランスで定番のおやつ。お店や家庭でもよく作られる。中世期から食べられ、料理だったものがお菓子へと発展したようだ。イギリスなど他国にも似たお菓子がある。

Données ◎ 焼き菓子　② パート・ブリゼ　⑤ クレーム・パティシエール
Ⓜ バター、卵、砂糖、小麦粉、牛乳、塩、バニラ

タルト・ブルダルー
Tarte Bourdaloue

19世紀半ば、パリの菓子職人のファスケルが作ったとされる。店に隣接する教会の司祭がブルダルーという名で、説教が非常に長く、信者はその説教を抜け出してお菓子を食べたいだろうと想像し、作られたとか。

Données ② パート・シュクレまたはパート・ブリゼ　⑤ クレーム・ダマンドまたはクレーム・フランジパーヌ　Ⓜ バター、卵、砂糖、アーモンド、小麦粉、牛乳、洋梨

フレジェ
Fraisier

フランス版ショートケーキ、とも表現されるいちごが主役のお菓子。ビスキュイの間にたっぷりのいちごとクレーム・ムースリーヌを挟む。伝統的なものは表面をマジパンで覆うが、近年はジュレで仕上げることが多い。

Données ② ジェノワーズまたはビスキュイ・オ・ザマンド　⑤ クレーム・ムースリーヌ　Ⓜ バター、卵、砂糖、アーモンド、小麦粉、牛乳、いちご

お菓子の素材

フランスの地方菓子で使われる基本的な素材をご紹介。
同じ素材でも、季節や産地によって違いがあるのを忘れずに。

バター
Beurre

牛乳の乳脂肪を練り上げたもの。フランスでは、乳酸発酵させた発酵バターが一般的で、お菓子には無塩バターを使うことが多い。主な産地はノルマンディ地方やポワトゥー＝シャラント地方。

オリーブオイル
Huile d'olive

オリーブの果実から作られる植物油。オレイン酸を比較的多く含むため、他の油脂に比べて酸化しにくく、固まりにくい性質を持つ。地中海に面するフランス南部では、お菓子作りにも好んで使われる。

卵
Œuf

卵黄には油脂と水分を乳化させる働きがあり、卵白には攪拌すると泡立つ気泡性がある。また両方とも、加熱すると凝固する性質がある。お菓子によって、全卵・卵黄・卵白を、そのままもしくは泡立てて使用する。

白砂糖
Sucre

植物に含まれる糖質を抽出して結晶させたもの。原料は、サトウキビまたは甜菜（砂糖大根）に由来するものが多い。フランス菓子には、さらさらとしていて、すっきりとした甘味のグラニュー糖を用いることが多い。

茶色の砂糖
Sucre non raffiné

砂糖を精製する過程で、ショ糖以外の成分を残したもの。ミネラル分を多く含み、独特の香りとコクがある。シュクル・ルゥ、カソナード、北フランス名産のヴェルジョワーズなどがある。

ハチミツ
Miel

有史以前から使われてきた天然の甘味料。花の蜜を蜂の体内から分泌する酵素でブドウ糖と果糖に転化したもので、対象にする植物によって風味が変わる。保湿性があり、焼き菓子に使うとしっとりと仕上がる。

生クリーム
Crème fraîche

牛乳の乳脂肪を濃縮したもの。日本では乳脂肪分が18％以上、フランスでは30％以上含むものと規定。液状以外に、脂肪分が高くとろみのあるクレーム・ドゥーブルや乳酸発酵させたクレーム・エペスなどがある。

チーズ
Fromage

ナチュラルチーズとプロセスチーズに分類される。原料は、牛、山羊、羊、水牛の乳などがある。フランス菓子では熟成させていないフレッシュチーズ「フロマージュ・ブラン」を用いることが多い。

ナッツ類
Fruit sec / Fruit à coque

アーモンド、くるみ、ピスタチオ、松の実、ヘーゼルナッツなど。生のまま、もしくは粉末やペースト状、プラリネにして用いられる。風味は増すが、油脂を含むため酸敗しやすく、長期保存には向かない。

小麦粉
Farine de blé

小麦の種子を粉砕し、外皮、胚芽をふるい分けて製粉する。日本ではたんぱく質の含有量によって薄力粉、中力粉、強力粉に分けられるが、フランスでは灰分率によってtype45、type55などに分けられている。

そば粉
Farine de sarrasin

そばの種（実）を挽いた粉。そばは19世紀末まで、ブルターニュやノルマンディの主要な食物であった。フランス語で「サラセン人（中世ヨーロッパにおけるイスラム教徒の呼び名）の粉」という意味を持つ。

栗粉
Farine de châtaigne

栗を乾燥させて、鬼皮と渋皮をとって挽いた粉。痩せた土地でも育つ栗の木は、コルシカではパンやケーキにしたり料理に使ったりと重宝されていた。日本では、イタリア産の栗粉が手に入りやすい。

ライ麦粉
Farine de seigle

ライ麦は小麦と同じくイネ科に属する一年草。グルテンが微量なため、パンにするときは小麦粉と混ぜて使う。入れることで、茶色く少し酸味のある日持ちのするパンに。お菓子ではパン・デピスなどに用いられる。

塩
Sel

海水から抽出される海塩と、地中で結晶した岩塩がある。粒子の大きさによって、種類が分けられる。塩の名産地のブルターニュ地方では、塩や有塩バターを使ったお菓子が多くみられる。

スパイス
Épice

植物の葉や種子などを乾燥させたもので、お菓子に香りを付けたり、防腐性や殺菌作用を高めたり、食欲を増進したりする働きがある。こしょう、クローブ、バニラ、アニス、唐辛子などバラエティ豊富。

酵母
Levure

パンの発酵に適した菌を純粋培養したイーストや、天然の果物や穀物に付着している酵母を培養した天然酵母がある。発酵生地を作るときに、生地の発酵を促したり、風味を良くしたりする。

バニラ
Vanille

ラン科の植物で、熟成させることで甘い香りがする。さやのなかの粒をしごきだして牛乳やソースで煮出すほか、エッセンスを抽出したり、乾燥させて粉末にしたりする。マダガスカル産とタヒチ産が有名。

酒
Alcool

果物、穀物などの原材料の糖質を発酵させてアルコールを生成したもの。蒸留酒、醸造酒、リキュールなどに分類される。製菓ではサトウキビが原料のラム酒やさくらんぼを原料とするキルシュを多く使う。

チョコレート
Chocolat

カカオ豆を焙煎しすりつぶしてペースト状にしたカカオマスに、砂糖、カカオバターを均質に混ぜたもの。ダークチョコレートの場合はカカオ分が35%以上で、カカオバター以外の油脂は含まないと規定されている。

ドライフルーツ
Fruit séché

果物を天日干しまたはオーブンで乾燥させたもの。いちじく、りんご、洋梨、プルーン、干しぶどうなど種類豊富にそろう。生地に混ぜたり、飾りとして使う。お酒に漬けて、やわらかくし風味を付けることもある。

フレッシュフルーツ
Fruit frais

生のまま、あるいはコンポート、ジャム、ゼリー、ピューレ、アルコール漬けなどにしてデザートにしたり、お菓子に使ったりする。タルトやクラフティにそのまま入れて焼きこむこともある。

お菓子の生地

フランス菓子の生地はバター、砂糖、卵、小麦粉を混ぜ合わせるのが基本。お菓子によってその配合や製法を変えて生地を作る。

タルト生地
パート・シュクレ
Pâte sucrée

甘く、サクサクした食感が特徴。タルト生地として敷き込み用の生地に使用されることが多いが、そのまま焼くこともある。「シュクレ」は甘いという意味。

タルト生地
パート・サブレ
Pâte sablée

クッキーやサブレに使われる。素材同士の結合が弱いため、パート・シュクレよりもサクサクしてもらい練り込み生地。小麦粉、砂糖、バターをすり混ぜてそぼろ状にし、卵を加えてすばやくこねて作る。

シュー生地
パータ・シュー
Pâte à choux

エクレアやルリジューズなどのシュー菓子に使われる。焼成前に生地を加熱し、小麦粉のデンプンを糊化させるのが特徴。それによって、焼成時に膨らみ空洞ができる。

パイ生地
パート・フィユテ
Pâte feuilletée

折り込みパイ生地。デトランプ(小麦粉に水と塩を混ぜ合わせてひとまとめにしたもの)にバターを折り込む作業を繰り返し、何層も重なることで、サクサクした軽い食感に仕上がる。

パイ生地
パート・ブリゼ
Pâte brisée

練り込みパイ生地。甘みはほとんどなく、パート・フィユテに似たサクサクした口当たり。ただパート・フィユテほど焼成時の浮きがないため、タルトなどの敷き込み用生地として使われることが多い。

バター生地
パータ・ケーク
Pâte à cake

基本的には、バター、砂糖、卵、粉を同分量で作る。バターの配合が多いため、しっとりとコクのある生地である。砂糖(またはアルコール)漬けのドライフルーツを加えたものはケーク・オ・フリュイと呼ばれる。

スポンジ生地
パータ・ジェノワーズ
Pâte à génoise

全卵を泡立てる共立て法のスポンジ生地。きめ細かくしっとりした食感で、日本ではショートケーキに使用されることが多い。フランスではフォレ・ノワールやフレジェなどで使用する。

スポンジ生地
パータ・ビスキュイ
Pâte à biscuit

卵黄と卵白を別々に泡立てて作る別立て法のスポンジ生地。流動性が低く、絞り出して焼くことが多い。シャルロットのように生菓子の一部として使用したり、そのまま焼いて焼き菓子として食べることもある。

クレープ生地
パータ・クレープ
Pâte à crêpe

クレープやパヌケ(クリームやピューレなどの具材を包んだもの)に使用。流動性があるので、フライパンで焼成する。応用した生地でクラフティのように陶器に流して、オーブンで焼くこともある。

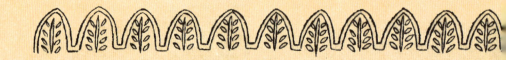

卵白系生地
パータ・ダコワーズ
Pâte à dacquoise
ダコワーズ生地。メレンゲにアーモンドパウダーと砂糖を加えるため、軽さとコクがある。フランスではダコワーズ以外にケーキの底生地として使用する。日本ではダックワーズに使用することが多い。

卵白系生地
パータ・シュクセ
Pâte à succès
シュクセ生地。メレンゲにアーモンドパウダーと砂糖を加えて焼いた、カリッと乾いた食感である。ケーキ台などに使用される。「シュクセ」は成功を意味する。

卵白系生地
パータ・ムラング
Pâte à meringue
メレンゲ生地。主に3種あり、卵白と砂糖を泡立てたフレンチメレンゲ、卵白に117〜121℃のシロップを加えて泡立てたイタリアンメレンゲ、卵白と砂糖を湯煎で50℃に温めながら作るスイスメレンゲがある。

卵白系生地
パータ・マカロン
Pâte à macarons
マカロン生地。一般的にはフレンチメレンゲもしくはイタリアンメレンゲをベースに、アーモンドパウダーを加えて作る。最終的にちょうど良いかたさに混ぜ合わせることを、マカロナージュという。

フィロ生地
パータ・フィロ
Pâte à filo
小麦粉、水、ときにオイルを加えて作る非常に薄い生地。ギリシャや中近東が発祥とされ、具を包んで揚げたり、焼いたり、蒸したりするのに使う。「フィロ」はギリシャ語で木の葉を意味する。

発酵生地
パータ・クロワッサン
Pâte à croissants
クロワッサン用生地。発酵生地でバターを包み、繰り返し折りたたんで層を作る。チョコレートを包んだパン・オ・ショコラや、カスタードを巻き込んだエスカルゴなど、様々な形に応用される。

発酵生地
パータ・ブリオッシュ
Pâte à brioche
ブリオッシュ生地。一般的なパンに比べ、バターと卵の割合が非常に多い。様々な形に成形され、それにより呼び名が変わる。贅沢な配合のため、お菓子の生地として使われることも多い。

発酵生地
パータ・クグロフ
Pâte à kouglof
クグロフ用の発酵生地で、パータ・ブリオッシュの応用。レーズンを加えて発酵させる。ベーコンやくるみを入れて、塩味のクグロフ・サレにアレンジすることも。専用の陶器の型を使うと、ふっくらと焼き上がる。

発酵生地
パータ・ババ
Pâte à baba
ババ用の発酵生地。パータ・ブリオッシュの応用だが、水分量が非常に多くやわらかいため、生地を成形する際には絞り袋を使用する。レーズンを入れることもある。パータ・サヴァランとも呼ばれる。

クリーム、ソース、仕上げなど

お菓子の仕上げを左右するクリームやソース。お菓子に光沢を与えて装飾するだけではなく、風味を保って乾燥を防ぐ役割もある。

クリーム
クレーム・ダマンド
Crème d'amandes

アーモンドクリーム。フランス菓子の基本的なクリームである。バターとアーモンドパウダーの配合が多いため、香り豊かでコクがある。タルト生地に絞ったり、ガレット・デ・ロワに入れたりして使用する。

クリーム
クレーム・シャンティイ
Crème chantilly

泡立てた生クリームに砂糖を加えたもの。バニラの香りを付けたり、ゼラチンを加えたりすることもある。泡立てた生クリームのことは、「crème fouettée（クレーム・フエテ）」という。

クリーム
クレーム・オ・ブール
Crème au beurre

バタークリーム。用途に応じて、ソース・アングレーズや、卵黄・卵白・全卵をそれぞれ泡立てて加えたりする。ケーキのデコレーションやダコワーズ、マカロンなどに使うことが多い。

クリーム
クレーム・パティシエール
Crème pâtissière

カスタードクリーム。そのまま、もしくは泡立てた生クリームやバタークリームを混ぜて使うことが多い。コーヒーやチョコレートなどを加え味に変化を持たせることもある。「菓子屋のクリーム」を意味する。

クリーム
クレーム・ムースリーヌ
Crème mousseline

クレーム・パティシエールにバターを加え、撹拌して軽くしたクリーム。「ムースリーヌ」は軽く繊細な食感を表現する呼称。パリ＝ブレストやフレジェなどで使用する。

クリーム
クレーム・シブースト
Crème Chiboust

クレーム・パティシエールにゼラチン、イタリアンメレンゲを加えたクリーム。非常に軽い口当たり。「シブースト」は考案した店の名前。サン＝トノーレに使われるので、「クレーム・ア・サン＝トノーレ」ともいう。

クリーム
クレーム・ディプロマート
Crème diplomate

クレーム・パティシエールに泡立てた生クリームを合わせたもの。非常に軽い口当たり。「ディプロマート」は外交官を意味する。シュークリームやフルーツのタルトなどに使用することが多い。

クリーム
クレーム・オ・シトロン
Crème au citron

レモンクリーム。レモン果汁と果皮を使用した甘酸っぱいクリーム。タルト・オ・シトロンに使用したり、カスタードクリームに混ぜたりするなど、様々な形で活用される。

クリーム
ガナッシュ
Ganache

チョコレートをベースにしたクリーム。牛乳、生クリームなどを温めてチョコレートに加え、混ぜ合わせたもの。バターを加えることもある。1850年頃パリのパティスリーが考案したともいわれる。

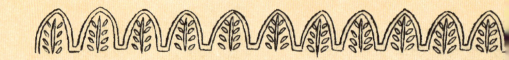

ソース
ソース・アングレーズ
Sauce anglaise
カスタードソース。弱火で加熱しながら作る、卵の熱凝固力を利用したとろみのあるソース。優しい味で主張が強くないため、様々なデザートに使用される。バニラやお酒で香り付けすることも多い。

ソース
ソース・オ・キャラメル
Sauce au caramel
キャラメルソース。砂糖を焦がしたキャラメルをベースに、生クリームや水を加え流動性を持たせたもの。コクを出すためバターを加えることもある。キャラメルのほろ苦さが特徴で、クレープなどに使われる。

ソース
ソース・オ・フリュイ
Sauce aux fruits
フルーツソース。果物のピューレまたは果汁にシロップを加えたもの。バニラやお酒で香りを付けることもある。デザートに添えて食べられることが多く、自然な色を活かし、彩りを華やかにしてくれる。

ソース
ソース・オ・ショコラ
Sauce au chocolat
チョコレートソース。刻んだチョコレートに、温めた牛乳や生クリームを加えてなめらかになるまで混ぜ合わせたもの。甘さに応じて砂糖を入れたり、バニラやお酒で香りを付けたりする。

ソース
ソース・サバイヨン
Sauce sabayon
サバイヨンソース。白ワインやマルサラ酒を使った、卵黄ベースの泡立てた甘いソース。砂糖を入れずに、料理用に使用することもある。イタリア発祥といわれる。

その他
アパレイユ・ア・ボンブ
Appareil à bombe
ボンブ種のこと。卵黄とシロップを加熱しながら泡立てたもので、軽さとコクがある。泡立てた生クリームに加えてパルフェを作ったり、バタークリームに加えたりする。別名パータ・ボンブ。

その他
キャラメル
Caramel
砂糖を加熱して焦がしたもの。用途によって煮詰め方や焦がし具合が異なる。サン＝トノーレなど、シュー生地を接着させるために使用することもある。

その他
ナッツ
Fruit à coque/Fruit sec
生のナッツは、粒状やパウダー状にしたり、砂糖と練り合わせてパート・ダマンドに使用されたりする。焙煎したナッツは、キャラメリゼしたプラリネにしたり、ペースト状にしたりする。

仕上げ
糖衣（グラサージュ）
Glaçage
砂糖で作る被膜。フォンダン、グラス・ア・ロー、グラス・ロワイヤルなどがあり、お菓子に合わせて使い分ける。色や風味を加えて、レモンやコーヒーなどのバリエーションを展開することも。

仕上げ
粉糖（シュクル・グラス）
Sucre glace
グラニュー糖を粉末状に粉砕したもの。湿気を含まないようにコーンスターチを2〜3%混ぜたものもある。デザートの仕上げに使ったり、ビスキュイ生地などを焼く前にふりかけたりする。

仕上げ
コンフィチュール・ダブリコ
Confiture d'abricots
杏のジャム。「コンフィチュール」はジャム、「アブリコ」は杏を意味する。パウンドケーキやタルトなどの焼き菓子の表面に塗り、杏の味を加えるほか、艶出しや乾燥防止のために使われる。

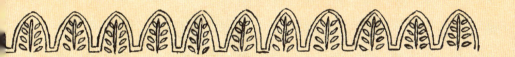

◎フランスの地図

- この本に登場するおもな地方名を記載しています。
- 本書の地方区分は、紹介するお菓子に準じたもので現在の行政区分とは異なります。

◎本書の見方について

- *Données* はそのお菓子に関してのデータです。アイコンは下記のように対応します。
  C カテゴリー　**O** 生まれた背景　**P** 生地名　**S** クリーム、ソース、仕上げ　**M** 材料名
- *Données* に掲載している情報は、独自に調べた一般的とされるもので、協力店の商品のものではありません。
- メイン写真の説明の文末に記載されている製作協力店は、P186 のフランス菓子店案内と対応しています。
- お店によっては、お菓子の名称や形態などは、本書掲載のものと異なる場合があります。
  また参考商品もありますので、ご了承ください。

◎レシピのルールについて

- オーブンの温度、焼成時間は機種によって異なります。表記の時間を目安にして、様子を見ながら焼いてください。
- バターは無塩を使用しています。またできれば発酵バターをおすすめします。

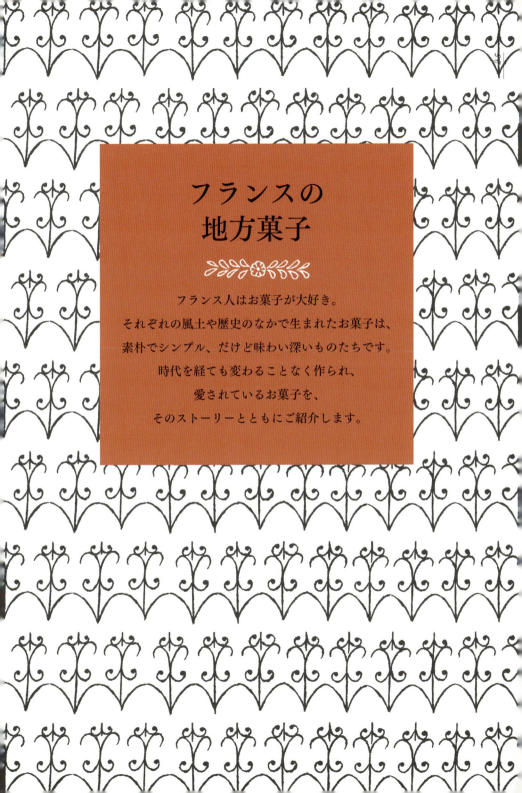

フランスの
地方菓子

フランス人はお菓子が大好き。
それぞれの風土や歴史のなかで生まれたお菓子は、
素朴でシンプル、だけど味わい深いものたちです。
時代を経ても変わることなく作られ、
愛されているお菓子を、
そのストーリーとともにご紹介します。

1

Île-de-France
Picardie
Nord-Pas-de-Calais

イル゠ドゥ゠フランス地方
ピカルディ地方
ノール゠パ゠ドゥ゠カレ地方

地域の特徴

イル=ドゥ=フランス地方は、パリを中心に半径約150kmに広がり、セーヌ川やその支流に囲まれている。10世紀に「カペー王朝」がはじまり、この地域を中心に勢力をのばした。12世紀頃にパリが首都となり、学術や宗教の拠点に。中世期以降は次々と城や大聖堂が建てられ、政治、文化、経済の中心として発展した。

ピカルディ地方とノール=パ=ドゥ=カレ地方は、フランス北部に位置する。両地域とも百年戦争や世界大戦などの舞台となった過去を持つが、現在では肥沃な土地を利用して、野菜や麦、甜菜（砂糖大根）の栽培が盛んである。ピカルディ地方は中世より交通の要衝として栄え、アミアンのノートル=ダム大聖堂が有名である。フランス最北部のノール=パ=ドゥ=カレ地方は、かつてはオランダ南部とベルギー西部を含むフランドル地方に属していたため、隣国の文化の影響が色濃く残る。

食文化の特徴

イル=ドゥ=フランス地方には、首都のパリがあるため、人や物の行き来が盛んで、多くの料理がこの地で誕生した。また、イタリアやオーストリアなど近隣国から王妃を迎え入れたこと、そしてその華やかな宮廷文化も、食文化の発展に大きな影響を与えた。フランス革命後は宮廷に仕えていた料理人や菓子職人が外の世界に出て活躍し、現在の「フランス＝美食」のイメージへと繋がった。素朴なお菓子もあるが、オペラやマカロンなど華やかなお菓子が目立つ。

北フランスは、ベルギーの食文化との共通点が多い。ぶどうの栽培が気候的に難しいため、ビールの醸造が行われていて、煮込み料理にも使われる。農業も盛んで、特にキク科の野菜であるチコリの生産が多く、料理やコーヒー、お茶にも使われる。また名産の甜菜を原料とする砂糖のヴェルジョワーズを使ったタルト・オ・シュクルやゴーフルなどが銘菓である。

パリ=ブレスト
Paris-Brest

車輪をイメージしたユニークなリング形

　世界的に有名な自転車レースの大会「ツール・ドゥ・フランス」が毎年開催されるフランスは、自転車競技が盛んな国だ。なかでもパリと、ブルターニュ地方のブレストを往復する「パリ＝ブレスト＝パリ」は、1891年に誕生した世界最古の自転車レースとして知られる。往復で約1,200kmに及ぶ、非常に過酷なレースである。以前はプロ対象だったが、現在は市民レースとして4年に1度開催されている。

　誕生の経緯には諸説あるが、パリ＝ブレストは、この自転車レースの考案者でジャーナリストのピエール・ギファードのリクエストによって、「パティスリー・デュラン」の菓子職人のルイ・デュランが作り出したといわれる。こうして1910年に自転車の車輪をイメージしたお菓子が誕生した。

　構成は非常にシンプルで、シュー生地とプラリネクリームで作られている。まずはシュー生地をリング状に絞り、アーモンドを散らして焼く。冷めたら横半分にカットし、プラリネクリームをサンドする。クリームのなかに細く絞ったシュー生地を入れて高さを出し、バランスをとることもある。

1.なかにシュー生地を入れたスタイル。2.ボリュームを出すために、生地は2段に重ねて絞る。3.1人用の小さいサイズのパリ＝ブレスト。

　使われるプラリネクリームは、カスタードクリームにバタークリームを合わせたクレーム・ムースリーヌを使用するのが一般的だが、メレンゲを加えて軽さを出すこともある。近年ではフランスでもお菓子の傾向が軽くなっているため、生クリームやフルーツをサンドしたアレンジも見られる。しかしながら、やはりこのお菓子は濃厚なプラリネクリームでないと、パリ＝ブレストという感じがしないのも本音だ。［菓子製作＝パティスリー ユウ ササゲ］

Données

- **C** 生菓子
- **P** パータ・シュー
- **S** クレーム・ムースリーヌ
- **M** バター、卵、砂糖、アーモンド、プラリネ、牛乳、小麦粉、塩

コンヴェルサシオン
Conversation

Île-de-France

サクサクザクザク……まるで会話をしているよう

　18世紀末に作られた、フランス語で「会話」という意味のお菓子。その由来は諸説ある。デピネ夫人のベストセラー『エミリーの会話』から付けられたという説や、お菓子を食べたときの音がまるでおしゃべりしているように聞こえたという説、このお菓子を食べると会話が弾むからだという説もある。

　型にパイ生地を敷き込み、アーモンドクリーム、またはこれにカスタードクリームを加えたものを詰める。パイ生地で蓋をし、表面を糖衣（グラス・ロワイヤル）で覆う。最後に細いパイ生地を交差させて焼く。大きなサイズで作ることもあるが、小さなポンポネット型で焼くと、丸く膨れて愛らしい姿になる。公現祭に食べるガレット・デ・ロワ（P118）とほぼ同じ構成だが、糖衣で覆って焼くことでザクザクとした食感が際立ち、印象は異なる。バターの豊かな風味とアーモンドのコクのどちらも堪能でき、フランス菓子の美味しさが存分に表現されている。［菓子製作＝アルカション］

ザクザクしたパイ生地と、しっとりやわらかなアーモンドクリームの、食感のコントラストを味わえる。

Données

- **C** 焼き菓子
- **P** パート・フィユテまたはパート・ブリゼ
- **S** クレーム・ダマンド、グラス・ロワイヤル
- **M** バター、卵、砂糖、アーモンド、小麦粉、塩

ポン゠ヌフ
Pont-Neuf

古くて新しい橋「ポン゠ヌフ」の名を持つお菓子

　フランス語で「新しい橋」を意味するポン゠ヌフは、名前に反してパリに現存する最古の橋である。セーヌ川にかかり、パリ発祥の地ともいわれるシテ島を経由する。1578年から建設がはじまり、1606年に開通式が行われた。橋の中央には、完成した当時の王であるアンリ4世の騎馬像が建ち、威厳を放っている。映画『ポン゠ヌフの恋人』の舞台になったことでも有名だ。なぜポン゠ヌフが「新しい橋」と呼ばれているのかというと、木造が一般的だった当時としてははじめての石造りだったからだ。

　その名前の付いたこのお菓子は、一見素朴ながら手が込んでいる。まず型にパイ生地を敷き込み、そのなかにシュー生地とカスタードクリームを混ぜたものを詰め、表面に細いパイ生地を十字に交差させる。これはシテ島にかかるポン゠ヌフを真上から見た様子をイメージしている。仕上げは粉糖と赤すぐりのジャムの白と赤で交互に覆うのが定番だ。［菓子製作＝アルカション］

Île-de-France

1.フルーツ入りのことも。2.パリで最古の橋のポン゠ヌフ。

Données
- **C** 焼き菓子
- **P** パート・フィユテまたはパート・ブリゼ
- **S** クレーム・パティシエール、パータ・シュー
- **M** バター、卵、砂糖、小麦粉、牛乳、塩、赤すぐりのジャム

サン=トノーレ
Saint-Honoré

Île-de-France

お菓子屋とパン屋の守護聖人にまつわるお菓子

　フランスには様々な職業（例えば花屋、医者、音楽家など）に、それぞれ聖人がいる。サン=トノーレとは、菓子職人とパン職人の聖人の名前である。このお菓子は1846年に、パリのサン=トノーレ通り沿いにあるパティスリー「シブースト」により考案された。このお店ではサヴァランを生み出したパティシエ、オーギュスト・ジュリアンが働いていたため、サン=トノーレも彼が作り出したのではないかといわれている。

　最初はブリオッシュ生地で作られていたといわれているが、後に進化し現在の形に至る。まずパイ生地を丸くのばし、円に沿ってシュー生地を絞って焼く。そして飴掛けした小さなシューを並べ、中央にはこのお菓子を考案した店の名が付いた「クレーム・シブースト」を絞る。当時はスプーンでクリームをすくっていたそうだが、現在はサン=トノーレ口金で絞るのが一般的。これを使うことで立体感が生まれ、お菓子の美しさがさらに際立つ。〔菓子製作＝ハイアット リージェンシー 東京〕

1. 近年は生クリームを絞って仕上げることも多い。2. フランスのパティスリーでは1人用サイズが定番。

Données

- **C** 生菓子
- **P** パート・フィユテ、パータ・シュー
- **S** クレーム・シブースト
- **M** バター、卵、砂糖、小麦粉、牛乳、塩

マカロン・パリジャン
Macaron Parisien

華やかなフランス菓子の代表格

　マカロンは8世紀のイタリアで作られたのが最初だという。1533年イタリアのカトリーヌ・ドゥ・メディシスがフランスのアンリ2世に嫁ぐ。これに伴い多くの料理人がフランスに移り、マカロンが伝わったといわれる。ただこれ以前にもフランスにはマカロンが存在していたという説もある。

　フランスの地方には様々なマカロンが存在する（P42）。それらは作られた当時の姿とほぼ変わらないのに、パリのものは時代とともに洗練されてきた。元々は1枚だったマカロンを2枚にして、クリームを挟んだのは、パリのサロン・ドゥ・テ「ラデュレ」創業者の従弟のピエール・デフォンテーヌだといわれる。現代のマカロン・パリジャンは、ときに「マカロン・リス（なめらかの意）」とも呼ばれ、表面に艶があり、着色した生地にクリームやジャムなどを挟む。気泡を含んだマカロン生地の表面を乾かしてから焼くので、生地の周囲にはピエ（足）があるのも特徴だ。華やかなマカロンはファッション要素もあり、現在では地方にも浸透している。［菓子製作＝リョウラ］

パティスリーの店頭に飾られていたマカロンタワー。

Données

- **C** 生菓子
- **O** 外国の影響を受けたもの
- **P** パータ・マカロン
- **S** クレーム・オ・ブールやガナッシュ
- **M** バター、卵、砂糖、アーモンド、生クリーム、チョコレート、ピューレなど

ニフレット
Niflette

Île-de-France

「泣かないで」の名を持つ小さなパイ菓子

　プロヴァンは12世紀から13世紀にかけて、シャンパーニュ地方の商業の中心地として栄えた町だ。シャンパーニュ伯によりこの地で開かれていた大市では、国境を越えて貿易商が集まり、絹織物や宝石、香辛料など様々なものが取引された。14世紀に入りフランス王国に併合されると急激に衰退し、プロヴァンは歴史の流れから取り残されてしまう。しかしそれが幸いし、現在では中世時代の趣が残る町として、2001年にはユネスコの世界遺産に登録された。また古くからバラの町としても有名で、バラのハチミツやジャムなどの製菓産業も盛んだ。

　この町で11月1日の諸聖人の日（トゥーサン）に食べられる伝統菓子がニフレットである。ひと口で食べることのできる小さなパイ菓子で、パイ生地にオレンジの花の水が香るカスタードクリームを絞って焼いたものだ。名前はラテン語の「Ne flete（泣かないで）」に由来する。かつては孤児にお菓子を施す習慣があったため、これに関係があるのだろうといわれている。［菓子製作＝リチュエル バイ クリストフ・ヴァスール］

Données

- ⓒ 焼き菓子
- ⓞ キリスト教の季節行事
- ⓟ パート・フィユテ
- ⓢ クレーム・パティシエール
- ⓜ バター、卵、砂糖、小麦粉、牛乳、塩、オレンジの花の水

クレーム・シャンティイ
Crème Chantilly

お城で誕生した生クリームのデザート

　パリ北方のシャンティイにあるシャンティイ城は、生クリームと砂糖を泡立てたクレーム・シャンティイが誕生したといわれる場所である。16世紀に建設され、貴族のコンデ公がルイ14世を招いて美食の限りを尽くした晩餐会を催していた。その指揮をとっていたのが、映画のモデルにもなった宮廷料理人フランソワ・ヴァテールだ。このお菓子は彼が考案したといわれる。現在城はコンデ美術館としてルーヴルに次ぐといわれるほどの絵画コレクションを有しているが、そのパンフレットには、「クレーム・シャンティイ発祥地」と書かれている。

　一方で、ルネサンス期にアンリ2世の王妃カトリーヌ・ドゥ・メディシスとともにパリに来た菓子職人が、すでに生クリームをエニシダの枝でホイップして用いていたという説もある。

　その作り方は簡単。冷えたボールに生クリーム、砂糖を加えてホイッパーで泡立てる。クリームの波形がハッキリしてきたら出来上がりだ。［菓子製作＝下園昌江］

1. シャンティイ城のなかにあるレストラン「ル・アモー」。
2. ここではクレーム・シャンティイを食べることができる。

Données

- **C** デザート
- **M** 砂糖、生クリーム

ガトー・バチュ
Gâteau Battu

美食の象徴であるコック帽の形が特徴

ピカルディ地方、特にソンム県アブヴィル郡の銘菓で、ブリオッシュの一種である。

表面は濃い茶色、内側は黄金色のような明るい色で、溝の入った背の高い独特な形が特徴。これはピカルディ地方の美食の象徴である「料理人の帽子」をイメージしているという。

「バチュ(battu)」とはフランス語で「打たれた」を意味する。生地に気泡を入れて軽い食感に仕上げるために、手で打ちつけるように混ぜていることに由来するのだとか。キメは粗いが非常にやわらかいため、口に含むとほろほろっとくずれる。

ガトー・バチュの基となったお菓子は、1653年に確認されている。北フランスやベルギーに起源をもつフラマン人に「Gâsteau Mollet(やわらかいお菓子)」または「Pain aux œufs(卵のパン)」と呼ばれていた。1900年頃になると「ガトー・バチュ」の名で、ピカルディ地方のお菓子として知られるようになる。

卵黄とバターをたっぷりと使った贅沢な配合ゆえに、結婚式や洗礼の日などのお祝いごとの際に食べられる特別なお菓子だったが、現在では朝食やおやつとしても食べられている。そのままでもほのかに甘くて十分美味しいが、好みでジャムを塗って食べたりもする。

店によって味に個性があり、ピカルディ地方のアミアンのマルシェで売られていたガトー・バチュは、カステラのキメを粗くして、ほのかに酸味を足したような味だった。1993年にはガトー・バチュ協会が設立され、年に1回コンテストを開催するなど、ガトー・バチュの普及に努めている。[菓子製作＝フレデリック・カッセル]

1.1～2cmほどの厚さにスライスすると、きれいな黄金色がのぞく。2.アミアンの金物屋で売られていた型。

Données
- ⓒ 発酵菓子
- ⓟ パータ・ブリオッシュ
- ⓜ バター、卵、砂糖、小麦粉、酵母、塩

マカロン・ダミアン
Macaron d'Amiens

北のマカロンは厚みがあり濃厚な味わい

　フランス北部のピカルディ地方にある古都のアミアン。この町には名物のマカロン「マカロン・ダミアン」がある。それは13世紀後半に生まれたとされているが、その由来は定かではない。アミアンには、イタリアからフランスへ嫁いできたアンリ2世の王妃カトリーヌ・ドゥ・メディシス直伝のレシピが伝わっているという説もある。

　マカロンはアーモンドパウダー、砂糖、卵白で作るが、このマカロンはさらに、卵黄とハチミツ、そしてりんごやアプリコットのコンポート（もしくはジャム）を入れる。その生地を棒状にしてから、2cm弱の厚さの輪切りにして焼く。小さいながらも、生地はぎっしりと詰まり、食感はねっちりとし、アーモンドの濃厚な味が口に広がる。1992年には「パリ国際砂糖菓子展」の地方菓子部門でグランプリを受賞している。町の中心にある1872年創業のパティスリー「Jean Trogneux（ジャン・トロヌー）」では、今も伝統のマカロンが作られている。［菓子製作＝下園昌江］

世界遺産としても有名なアミアンの大聖堂。

Données

- Ⓒ 焼き菓子
- Ⓞ 外国の影響を受けたもの
- Ⓟ パータ・マカロン
- Ⓜ 卵、砂糖、ハチミツ、アーモンド、フルーツのコンポート

クラミック
Cramique

北フランスの伝統的な干しぶどうのパン

　北フランスやベルギー、ルクセンブルグ一帯で作られている発酵菓子で、干しぶどうやあられ糖が入ったブリオッシュを指す。フラマン語では「kramiek」と綴る。語源には様々な説がある。オランダの語源辞典によると、「kramiek」は中世のラテン語の書物に「credemicas」の名で登場し、その後時代とともに少しずつ名前を変えていったという。ほかにも興味深い説で、修道院でパンを手渡すときの言葉「crede mihi（私を信じて）」が転じたというものもある。

　ブリオッシュをベースにした発酵生地に干しぶどうを入れて、食パン型で焼くことが多い。小粒で酸味のあるコリント種の干しぶどうを使うのが特徴だが、ほかの干しぶどうも用いられる。また表面にあられ糖をかけて焼くこともある。スライスしてバターやジャムを添えて、朝食やおやつとして食べたり、フォアグラのテリーヌを添えたりして食べられている。干しぶどうを使わずあられ糖だけを使用するものもあるが、その場合は「クラックラン(Craquelin)」とも呼ばれる。［菓子製作＝ヴィロン］

1761年創業のリールの老舗パティスリー「Méert（メール）」で売られていたクラミックはボリューム満点。

Données

- **C** 発酵菓子
- **P** パータ・ブリオッシュ
- **M** バター、卵、砂糖、あられ糖、小麦粉、酵母、塩、干しぶどう

タルト・オ・シュクル
Tarte au Sucre

特産のヴェルジョワーズが主役！

　このお菓子の名は直訳すると「砂糖のタルト」である。ブリオッシュ生地を丸くのばし、ヴェルジョワーズという砂糖とバターをかけて焼くお菓子で、主役はそのヴェルジョワーズだ。

　17世紀のヨーロッパでは西インド諸島から、サトウキビを原料にした砂糖が輸入されていた。しかし1806年のナポレオンの大陸封鎖令により手に入らなくなってしまう。そのためヨーロッパでは甜菜（砂糖大根）の栽培が推奨され、北フランスもその栽培と甜菜糖の製造が盛んになった。甜菜糖を精製する最終段階で残った糖液を結晶化させたものがヴェルジョワーズで、独特の風味と色が特徴である。明るい褐色の「ブロンド」と、濃い茶褐色の「ブリュン」の2種類がある。北フランスやベルギーでは、スパイスクッキーのスペキュロスやゴーフル（P41）など、ヴェルジョワーズを使ったお菓子が多く、このタルトもそのひとつ。バターを散らして焼くため、ところどころキャラメルのようになり、それがアクセントになっている。生クリームや卵を加えて作ることもある。［菓子製作＝アルカション］

1. 見た目は異なるが、これもタルト・オ・シュクル。2. スペキュロスというクッキー。

Données

- **C** 発酵菓子
- **O** 地方産物を活かしたもの
- **P** パータ・ブリオッシュ
- **M** バター、卵、砂糖、ヴェルジョワーズ、小麦粉、酵母、塩

ゴーフル・フーレ
Gaufre Fourrée

古くから屋台で売られている庶民の味

　ゴーフルは、バターをふんだんに使った発酵生地で作る、凹凸模様の平たいお菓子である。13世紀頃にある菓子職人が、ミツバチの巣のようなくぼみのある型を考案し、中世からある薄焼き菓子のウーブリをこの型で焼いたことがはじまりだ。浮き出し模様を付けるという意味の動詞「gaufrer」から、ゴーフルと呼ばれるようになった。

　ゴーフルは別名ワッフルともいう。ワッフルの本場のベルギーには、ふわふわと軽く長方形のブリュッセル風と、日本でも流行ったもっちりとして丸い形のリエージュ風の2種類がある。ノール＝パ＝ドゥ＝カレ地方のものは「ゴーフル・フーレ」といい、生地は薄く小判形である。焼いた後に2枚にはがし、特産のヴェルジョワーズやバニラクリームを挟むことが多い。19世紀には誕生していて、このお菓子で有名なリールにあるパティスリー「Méert（メール）」では、1849年に作りはじめたという。庶民的なお菓子で、マルシェやお祭りでも売られている。リールの地名をとって、「ゴーフル・リロワーズ」とも呼ぶ。

1. リールの老舗パティスリー「メール」のゴーフル。2.「メール」はパリのマレ地区にも支店がある。

Données

- ⓒ 焼き菓子
- ⓞ 地方産物、宗教行事
- ⓟ パータ・ゴーフル
- ⓜ バター、卵、砂糖、ヴェルジョワーズ、小麦粉、牛乳、酵母、塩

Colonne
地方ごとに異なるマカロン

フランス各地に伝わるマカロン。基本の材料は、卵白、アーモンド、砂糖とシンプルだが、配合や製法の違いで、様々な味や食感を生み出している。

イル゠ドゥ゠フランス地方
マカロン・パリジャン

マカロンといえばパリのマカロン「マカロン・パリジャン」をイメージする方も多いだろう。別名「マカロン・リス」とも呼ばれ、カラフルな色合いが特徴。卵白に砂糖を加えて泡立てるため、ふんわりとした仕上がりである。またクリームやジャムを挟むのも特徴のひとつ。今ではパリ以外の地域でも見かけるようになった。

ロレーヌ地方
マカロン・ドゥ・ナンシー

ロレーヌ地方のナンシーのマカロンは、平べったい形にひび割れたような見た目である。外側はカリッとかたく、なかはしっとりやわらかい。ほおばるとアーモンドの香りが広がる。焼くときに敷いた紙ごと売っているのがユニークである。

ピカルディ地方
マカロン・ダミアン

ピカルディ地方の古都のアミアンのマカロンは、サイズは小さいが、厚さ2㎝弱ほどと厚みがある。基本材料のほかに、卵黄やハチミツ、ジャムを加え、棒状にして生地を休ませてから、包丁で切って焼く。ねっちり、しっかりとして食べ応えがある。アミアンにはカトリーヌ・ドゥ・メディシス直伝のレシピが伝わっているともいわれる。

バスク地方
サン＝ジャン＝ドゥ＝リュズのマカロン

バスク地方のサン＝ジャン＝ドゥ＝リュズのマカロン。1660年に行われた太陽王ルイ14世とスペイン王女マリ＝テレーズの結婚式の際に献上されたといわれる。ふっくら膨らんだ黄金色のマカロンには、アーモンドの旨みが詰まり、何枚でも食べられてしまう美味しさである。お店には何十枚も入った詰め合わせも並ぶ。

アキテーヌ地方
マカロン・ドゥ・サン＝テミリオン

アキテーヌ地方のサン＝テミリオン村のマカロンは、平たく、ひびが入った見た目で、ねっちりとした食感である。ワインが有名な村らしく、甘口のワインが加えられているという。13世紀にウルスラ会の修道女が作ったのが起源といわれ、サン＝テミリオンには1620年からのレシピを受け継いでいる店がある。

サントル＝ヴァル＝ドゥ＝ロワール地方
マカロン・ドゥ・コルムリー

コルムリーのマカロンは、中世にこの地の修道院で生まれたといわれる。ドーナッツのように中央に穴が空いた独特の形で、これには面白い言い伝えがある。当時評判だったマカロンに一目でわかる特徴が必要だと考え、神様のお告げからこの形になったというのだ。アーモンドがアクセントの軽い食感で、オレンジがほのかに香る。

ポワトゥー＝シャラント地方
マカロン・ドゥ・モンモリヨン

ポワトゥー＝シャラント地方のモンモリヨンのマカロン。アーモンドと、やや多めの卵白を混ぜ、うずまき状に絞って焼く。焼き上がりは立体的な花のような形をしていて、香ばしく、ねっちりとやわらかい。17世紀から作られていて、モンモリヨンにはそのレシピを伝承している有名店「ラノー・メティヴィエ」がある。

2

Alsace

アルザス地方

地域の特徴

アルザス地方はフランスの北東部に位置し、東にはドイツとの国境を流れるライン川、西にはロレーヌ地方との境にそびえるヴォージュ山脈がある。ドイツとの領土争いを繰り返した過去から、言語や建築様式、食にいたるまでドイツの影響がみられる。中心都市のストラスブールにはゴシック建築の傑作ともいわれるストラスブール大聖堂があり、この地のシンボルとなっている。ほかにも、欧州議会の本部が設置されており、国際的な存在意義も大きい。

ヴォージュ山脈の東斜面に沿って南北を走るワイン街道には、美しいぶどう畑の光景が広がる。その街道沿いには美しい小さな村々がある。

クリスマスシーズンには、クリスマスマーケットの本場のドイツの影響から、各地でマルシェ・ドゥ・ノエル（クリスマスマーケット）が開催され、ホットワインをはじめ、焼き栗やお菓子を売る屋台が並び、海外からの観光客も多い。

食文化の特徴

ドイツと共通する料理が多く、ソーセージなどの肉加工品、キャベツを発酵させたシュークルート、薄焼きのピザに似たタルト・フランベなどが食べられている。また名物料理のベッコフは専用の陶器に、玉ねぎ、ジャガイモ、アルザスの白ワインでマリネした肉（羊、豚、牛など）をたっぷり入れてオーブンで焼いたアルザス版肉じゃがのようなもので、素朴な味わいである。

ワインの生産が盛んで、特に軽くてすっきりした飲み口の白ワインが多い。なかでも少し甘めでふくよかな味のゲヴェルツトラミネールは、クグロフとの相性が良く、一緒に出されることがある。またビールの製造も盛んである。

お菓子もタルト・リンツァーやタルト・オ・フロマージュ・ブランのように近隣国の影響を受けているのが特徴。クリスマスシーズンにはベラヴェッカ、ブレデル、パン・デピスなどこの土地独特のお菓子が登場する。

クグロフ
Kouglof

陶器の型に美味しさの秘密がある

　アルザスのパティスリーやブーランジュリーで必ずといっていいほど並んでいる「クグロフ」。ドイツやウィーンではパウンド生地のものをよく見かけるが、アルザスのものはバターの配合が多い発酵生地にレーズンを入れ、陶器のクグロフ型で焼くのが特徴である。その陶器はアルザス北部のスフレンアイム村のものが有名だ。陶器で焼くことにより熱がじっくり伝わり、ふっくらと焼き上がる。焼成後に粉糖をかけて仕上げる。

　クグロフの名前や誕生に関しては諸説ある。18世紀にオーストリアから伝わり、マリー・アントワネットがフランスに広めたという説。クグロフは「Kugelhopf」と綴られることもあり、これはドイツ語で球を意味する「Kugel」とビール酵母を意味する「hopf」から由来しているという説。また、ドイツ語のもうひとつの呼び名「Gugelhupf」は、形が僧侶の帽子「グーゲル（gugel）」に似ていることからその名が付いたという説。

　様々な説があるなかで、興味深い言い伝えがアルザスのリボーヴィレ村にある。昔クーゲルという陶器職人がいた。ある晩クーゲルは3人の見知らぬ者たちに一晩泊めてほしいと頼まれ、彼らを親切にもてなした。彼らはキリストの誕生を祝う道中にあった東方の三博士で、クーゲルの家にたどり着く前にちょうどアルザスのヴォージュ山脈の雪積もるオーネック山頂を見てきたところだった。そしてもてなしのお礼にと、彼らは珍しい型でお菓子を作った。それはオーネックの山のように美しい形で、仕上げにかけた砂糖は山に降り積もる雪のようだった。これがクグロフの誕生だというもの。

　クグロフと同じ生地もしくはナッツやスパイスなどを加えアレンジした生地で作る「ラングホフ（Langhopf）」という発酵菓子もある。クグロフ同様、陶器の型で作られるが、こちらは横長で、もこもことした突起があるのが特徴である。［菓子製作＝ブロンディール］

1. 断面図も山のようである。
2. 型にバターを塗り、アーモンドを並べる。
3. アルザスの有名パティスリー「GILG（ギルグ）」の、長い形のラングホフ。

Données

- **C** 発酵菓子
- **O** 外国の影響を受けたもの、伝説から生まれたもの
- **P** パータ・クグロフ
- **M** バター、卵、砂糖、アーモンド、小麦粉、牛乳、酵母、塩、レーズン

アニョー・パスカル
Agneau Pascal

イエス・キリストの復活を祝う子羊形の焼き菓子

キリスト教徒にとって重要な意味合いを持つ復活祭は、十字架にかけられて亡くなったイエス・キリストが3日目に復活したことを記念した移動祝日である。「春分後の最初の満月の次の日曜日」で、3月末から4月下旬の春の到来を喜ぶ季節にある。

フランスではその時期、生命の誕生や多産をイメージする卵やウサギ、魚などをかたどったお菓子がパティスリーに並ぶ。アルザス地方ではこれらに加え、子羊形の焼き菓子「アニョー・パスカル（復活祭の子羊）」も並ぶ。なぜ子羊かというと、ユダヤ教の祭日のひとつ「過越の祭」に、生贄として子羊を食べる習慣があることや、キリスト自身が人々の罪を償うために、「神の子羊」として生贄の役割を果たしたことと関係するといわれている。

別立てのふんわりとしたスポンジケーキの生地を専用の陶器の型で焼き、仕上げに粉糖をふってリボンを結ぶ。または、復活祭をお祝いする旗のピックを、背中に飾るのが定番である。［菓子製作＝下園昌江］

1. 陶器の製造で有名なアルザス北部のスフレンアイム村。
2. アルザスでは時折、蚤の市でも型を見かける。

Données
- ⓒ 焼き菓子
- ⓞ キリスト教の季節行事
- ⓟ パータ・ビスキュイ
- ⓜ 卵、砂糖、小麦粉

タルト・オ・フロマージュ・ブラン
Tarte au Fromage Blanc

フランスでは珍しいチーズケーキは驚く大きさ

　日本で人気のあるチーズケーキ。しかしチーズ大国であるフランスでは、チーズをお菓子に使うことはほとんどない。チーズは手を加えずに本来の味を楽しむのが一般的なのだ。ただアルザスでは、隣国ドイツの影響を受け、多くのパティスリーでチーズケーキを見かける。

　ドイツでは「クワルク」というフレッシュチーズがよく食べられていて、このチーズケーキ「ケーゼクーヘン」が昔から親しまれている。一方アルザスでは「フロマージュ・ブラン」を使い、似たようなケーキが作られる。フロマージュ・ブランは非熟成タイプのフレッシュチーズで、あっさりとして癖もない。そのまま食べたり、ジャムを添えたり、料理に使うこともある。これに砂糖と卵、粉、メレンゲを加えて、タルト生地に流し込んで焼くのが、このチーズケーキである。直径24～30cmほどあり、はじめて見る人はその大きさに驚くが、あっさりした味なので、アルザスの人たちはペロッと食べてしまうのかもしれない。［菓子製作＝パティスリー ロタンティック］

1. 手と比べてもこの大きさにびっくり！ 2. フロマージュ・ブランは朝食にもぴったり。

Données

- C 焼き菓子
- O 外国の影響を受けたもの
- P パート・シュクレ
- M バター、卵、砂糖、小麦粉、フロマージュ・ブラン

ブレデル
Bredele

クリスマスは愛らしいクッキーとともに祝う

　クリスマスの4週前の日曜日から、キリストの降誕を待ち望む「アドベント」がスタートする。その頃アルザスでは、ひと口サイズのクッキー「ブレデル」が登場する。家庭で作られ、パティスリーやクリスマスマーケットでもよく見かける。種類は100以上もあり、ブレデル専門のレシピ本があるほどだ。詳しい発祥に関しては不明だが、ストラスブールで発見された14世紀のレシピが最初の記録である。18世紀には一般に広がり、19世紀初頭には型抜きのものが登場したそうだ。ブレデルは地域によって綴りが異なる。また、味や形は様々で、厳密な決まりはないようだ。

　代表的なものはバターサブレの「ブッター・ブレデル」、専用の器具で絞り出す「スプリッツ・ブレデル」、アニス風味の「アニス・ブレデル」、星形のマジパン菓子「エトワール・ア・ラ・カネル」、三日月形の「クロワッサン・ア・ラ・バニーユ」、スイスのバーゼルの銘菓「レッカリー」などがある。［菓子製作＝下園昌江］

1. クリスマス時期には多くの種類のブレデルが並ぶ。2. ブレデル専門のレシピ本があるほどその種類は豊富だ。

Données

- **C** 焼き菓子
- **P** パート・サブレなど
- **M** バター、卵、砂糖、アーモンド、小麦粉、チョコレート、スパイス、バニラ、ジャム

ベラヴェッカ
Berawecka

自然の恵みを凝縮した贅沢な冬のお菓子

　クリスマスが近づくとアルザスのパティスリーには茶色い棒状のお菓子、ベラヴェッカが並ぶ。アルザスの言葉で「Bera」は洋梨、「Wecka」が小さなパンを意味する。この地域のなかでも様々な呼び名があり、別名パン・オ・フリュイともいわれる。

　名前の由来になっている洋梨をはじめ、プルーンやレーズンなどのドライフルーツ、オレンジやレモンの皮の砂糖漬け、アーモンドやくるみなどのナッツを、お酒（キルシュを使うことが多い）とスパイスで漬け込む。それを少量の発酵生地と混ぜ合わせたり、発酵生地で具材をロール状に巻き込んで焼くお菓子である。焼いた当日より数日おいた方がそれぞれの素材の味や香りがしっかりなじむ。それを薄くスライスして、温かい紅茶やワインとともに食べる。また、アルザス名物のフォアグラのテリーヌに添えて食べるのも美味しい。

　ほかにも、南ドイツ、オーストリアなどで、「フリュヒテブロート（Früchtebrot）」や「フッツェルブロート（Hutzelbrot）」と呼ばれる同じようなお菓子がある。［菓子製作＝下園昌江］

1. クリスマスの時期にパティスリーに並ぶ様子。2. なまこ形に成形するのが一般的。

Données

- C 発酵菓子
- O キリスト教の季節行事
- P パート・ルヴェ
- M 砂糖、小麦粉、酒、スパイス、酵母、塩、ドライフルーツ、ナッツ類

マナラ
Manala

サン=ニコラの日は人の形のパンを食べる

　4世紀に実在していたといわれる司教サン=ニコラは、サンタクロースのモデルになった人物で、子どもの守護聖人である。彼の命日12月6日はサン=ニコラの日として、ベルギー、ルクセンブルグ、ドイツ、オーストリア、スイス、フランスの北東部など広い範囲でお祝いをする習慣がある。いい子にしていたらサン=ニコラがご褒美をくれるといわれ、子どもたちはワクワクした気持ちで待ちわびる（ちなみに悪い子には怖い風貌のおとも、ペールフエターがムチでお仕置きをするといわれている）。

　各地でお祝いの仕方は異なるが、アルザス近辺では人の形のパンのマナラを食べる。マナラはサン=ニコラの逸話に由来する。肉屋に殺されて塩漬け肉の樽に漬け込まれたが、彼によって奇跡的に復活した3人の子どもを表しているとか。綴りは「Mannala」「Mannele」など数種類あり、その他に「ボノム」「プティ・ボノム」、フランシュ=コンテ地方では「ジャン・ボノム」とも呼ばれる。［菓子製作＝パティスリークロシェット］

1. サン=ニコラ（左）とペールフエター（右）の人形。2. お店によってサイズや表情も様々。

Données
- C 発酵菓子
- O キリスト教の季節行事
- P パータ・ブリオッシュ
- M バター、卵、砂糖、小麦粉、牛乳、酵母、塩

フォレ・ノワール
Forêt Noire

ドイツから伝わった「黒い森」という名のケーキ

　ドイツ南西部一帯に広がる、ドイツ語で黒い森を意味する地域のシュヴァルツヴァルトは、針葉樹林が多く鬱蒼としている。この地域をイメージした伝統的なドイツ菓子で、特産のさくらんぼを使った「シュヴァルツヴェルダー・キルシュトルテ」というケーキがある。チョコレートのスポンジ、さくらんぼ、生クリーム、チョコレート、キルシュ（さくらんぼが原料の蒸留酒）で構成される。いわばチョコレートとさくらんぼのショートケーキだ。

　それがアルザスを介してフランスに伝わり、フォレ・ノワールという名で親しまれている。フランスでは、パリを筆頭にそのスタイルはモダンに変化している。ムース仕立ての四角い形にしたり、ヴェリーヌ（ガラス製の小さな器に入ったお菓子）にしたり。そんななか、アルザスでは昔ながらのスタイルで作っているお店も多い。ただ素朴な見た目とは裏腹に、キルシュが効いているものも多いので、アルコールに弱い方は注意が必要である。［菓子製作＝下園昌江］

1. さくらんぼがたっぷり。 2. モダンなスタイルのもの。

Données

- **C** 生菓子
- **O** 外国の影響を受けたもの
- **P** パータ・ジェノワーズ
- **C** クレーム・シャンティイ
- **M** バター、卵、砂糖、小麦粉、生クリーム、牛乳、チョコレート、ココア、キルシュ、さくらんぼ

アルザス風のフルーツタルト
Tarte aux Fruits à l'Alsacienne

アルザスの季節を感じるフルーツのタルト

　アルザス地方はフルーツが豊富なことから、それらを使ったタルトを町中のあちこちで見かける。タルト生地に溢れんばかりのフルーツを盛ってそのまま焼くか、卵、砂糖、牛乳などを混ぜたアパレイユを流して焼くのが特徴だ。焼き上がったアパレイユはなめらかなカスタードクリームのようで、フルーツと一緒に食べるとほどよい甘酸っぱさが口中に広がり、その美味しさに驚くはず。フルーツは季節によって、さくらんぼ、アプリコット、ミルティーユ（ヴォージュ山脈の麓で採れるブルーベリーに似た果物）、クエッチ（アルザス名産でプルーンの一種）、りんごなどが使われるが、春から夏にかけてよく見かけるのが、ルバーブのタルトである。

　ルバーブはフキに似たタデ科の野菜で、繊維質があり、加熱すると柔らかくなる。酸味が強いため、ジャムなど甘くして食べることが多い。このタルトも酸味と甘味のバランスをとるために、焼き上がった表面に甘いメレンゲをたっぷり絞るのが定番のスタイルである。［菓子製作 = 下園昌江］

1. ルバーブのタルトには、メレンゲをたっぷりのせる。
2. マルシェには旬のフルーツが色鮮やかに並ぶ。

Données

- Ⓒ 焼き菓子
- Ⓞ 地方産物を活かしたもの
- Ⓟ パート・ブリゼまたはパート・シュクレ
- Ⓜ バター、卵、砂糖、小麦粉、牛乳、フルーツ

ケーク・エコセ
Cake Écossais

隣国から伝わった、鹿の背肉料理に似たお菓子

　オーストリアやドイツの伝統菓子。スイスでも親しまれていて、隣国の文化が交わるアルザスにも伝わったようだ。このお菓子はアーモンドをふんだんに使った濃厚な生地にアーモンドを刺してチョコレートをかけたタイプと、チョコレート生地とアーモンド生地を2層にしたタイプの2種類あり、アルザスで見かけるのは後者である。外側はココア風味のダコワーズ生地、内側はアーモンドの生地、表面にはアーモンドダイスやアーモンドスライスをたっぷりはり付けた、まさしくアーモンド尽くしの贅沢な焼き菓子。焼きっぱなしもあれば、焼成後に切込みを入れ、バタークリームをサンドしたものもある。

　ドイツ語では「レーリュッケン（Rehrücken）」と呼ばれる。かまぼこが波打ったような独特の形をしていて、それが同じ名の、鹿の背肉料理に似ていることに由来するのだとか。フランスでは「ケーク・エコセ」と呼ばれる。エコセ（écossais）は「スコットランドの」という意味があるそうだ。［菓子製作＝シャンドワゾー］

バタークリームをサンドしたタイプもある。

Données

- **C** 焼き菓子
- **O** 外国の影響を受けたもの
- **P** パータ・ダコワーズ
- **M** バター、卵、砂糖、アーモンド、小麦粉、ココア

タルト・リンツァー
Tarte Linzer

オーストリアから伝わった赤い果実のお菓子

　元々はオーストリアのリンツ発祥の伝統菓子、リンツァー・トルテ（Linzer Torte）である。1653年にレシピが書物に掲載された歴史あるお菓子で、アルザスに伝わり「タルト・リンツァー」と呼ばれている。隣国のドイツやスイスでも親しまれている。

　シナモンなどのスパイスを効かせた生地に、赤い果実のジャムを合わせ、表面は生地を格子状にして焼くのが伝統的なスタイル。オーストリアでは、アーモンドやヘーゼルナッツのパウダー、ケーキクラムなどを使用した柔らかい生地に、赤すぐりのジャムを合わせることが多い。一方アルザスではスパイス風味のタルト生地に、ラズベリージャムを合わせるのが一般的。表面は格子状にするが、1人用サイズでは花やハート形の生地を中央におくものもある。アルザスの小さなニーデルモルシュヴィル村のパティスリー「メゾン・フェルベール」では、ハート形の生地をたくさん並べた可愛らしいスタイルのものを見つけた。［菓子製作＝リョウラ］

1.「メゾン・フェルベール」のもの。2. 1人用サイズもよく見かける。

Données
- **C** 焼き菓子
- **O** 外国の影響を受けたもの
- **P** パータ・リンツァー
- **S** ラズベリージャム
- **M** バター、卵、砂糖、小麦粉、スパイス、ナッツ類、ラズベリージャム

アルザスのパン・デピス
Pain d'Épices d'Alsace

アルザスのクリスマスにスパイスの香りを届ける

　パン・デピスはブルゴーニュのディジョンのものが代表的だが（P103）、アルザス特有のものも存在する。ドイツのクリスマス菓子のレープクーヘンと同じ系統で、平たく、ねちっとした食感で、噛むたびにスパイスとハチミツの味が広がる。

　アルザスにあるパン・デピス博物館によると、ドイツでレープクーヘンが最初に記述されたのは、1296年に神聖ローマ帝国の修道院に広まったときとされる。アルザスでは1453年にマリーエンタール修道院のクリスマスの食卓にあがったという記録がある。現在ではお土産として年中見かけるが、主にサン＝ニコラの日やクリスマスの時期に食べられる。アルザスの冬にスパイスの香りと、クリスマス到来の高揚感を運んでくれる。

　長い楕円の形をしたものはラング・ドゥ・パン・デピスとも呼ばれ、表面に糖衣がけをしたり、サン＝ニコラや妖精などの絵柄の紙をはり付ける。ほかにもハートや星形のお菓子にナッツやドライフルーツを飾ったり、アイシングで絵や文字を描いたりとバリエーションは様々である。

1. 妖精の紙がはられたパン・デピス。2. 可愛らしいイラストで彩られたパン・デピス博物館。

Données

- **C** 焼き菓子
- **O** 外国の影響、宗教行事
- **S** グラス・アローやグラス・ロワイヤルを使うときも
- **M** 砂糖、ハチミツ、小麦粉、スパイス、膨張剤

Colonne

ブリオッシュ生地の地方菓子

バターの芳醇な香りに、しっとり軽い口当たりのブリオッシュ生地の
お菓子はフランス各地にある。そのお菓子たちを集めた。

　ブリオッシュとは、小麦粉、卵、バター、酵母で作られるパンである。一般的な
パンよりもバターと卵をたっぷり入れるため、口当たりが軽くリッチな味わいが特
徴。マリー・アントワネットが「パンがなければ、お菓子を食べればいいのに」といっ
て大ひんしゅくをかった話は有名だが、このときの「お菓子」はブリオッシュを指
しているといわれる。日本では、「ブリオッシュ・ア・テット」［7］という、頭のぷっ
くりふくらんだ形が一般的だが、フランスでは様々な形に成形されている。
　元々はノルマンディ地方発祥といわれ、この地では中世から公現祭のときはファ
リュ［1］という細長いブリオッシュが食べられていた。ほかの地域でも形を変え
たり、ナッツやレーズンなどの素材を加えたりしたブリオッシュが食べられてい
る。アーモンドを飾ってレーズンを加えた独特な形のアルザス地方のクグロフ［8］、
サン＝ニコラの日に食べるマナラ［10］、アルザスのローズアイム村のスペシャリ
テで、シナモン、ナッツ、生クリームを加えたロップキュエシュ［11］、ブリオッシュ
をラム酒のシロップに浸したロレーヌ地方のババ（P65）、レーズンを入れたノー
ル＝パ＝ドゥ＝カレ地方のクラミック［12］、コック帽の形をイメージしたピカル
ディ地方のガトー・バチュ［4］、クリームを挟みあられ糖をふったプロヴァンス
地方のトロペジェンヌ［3］、ローヌ＝アルプ地方の特産の赤いプラリーヌを混ぜ
込んだブリオッシュ・ドゥ・サン＝ジュニ［6］、プロヴァンス地方のフガスの一
種ポンプ・ア・リュイル（P149）などに応用されている。
　またタルト生地の代わりとしてや、お菓子の土台またはベースにも用いられる。
プロヴァンス地方では公現祭を祝うガレット・デ・ロワの代わりにブリオッシュ生
地を用いて、「ブリオッシュ・デ・ロワ（Brioche des Rois）」または「ガトー・デ・
ロワ（Gâteau des Rois）」というお菓子が作られる。また北フランスのタルト・オ・
シュクル［9］や、ローヌ＝アルプ地方のガレット・ペルージェンヌ［5］、ブレス
地方のガレット・ブレッサンヌ［2］は、ブリオッシュ生地を平らにのばして、砂
糖をふったり、生クリームを塗って焼いたものである。

Colonne 59

3

Lorraine

ロレーヌ地方

地域の特徴

ロレーヌ地方はフランス北東部に位置し、ヴォージュ山脈によって東西にアルザス地方と分かれている。北部は鉄や石炭などの重工業、南部は農業や牧畜を中心として栄えた。かつては神聖ローマ帝国に属していたが、フランス王国との対立を繰り返し、最終的に1776年にフランスに併合された。18世紀にこの地を治めていたロレーヌ公国のスタニスラス・レクチンスキー公は、美食家であり芸術をこよなく愛した人物として有名である。

中心都市のナンシーは19世紀末から20世紀初頭にかけて流行した芸術様式のアール・ヌーヴォーが花開いた地としても知られ、エミール・ガレを代表する芸術家の一派「ナンシー派」が誕生した。

食文化の特徴

お隣のアルザス地方と食文化の共通点が多いロレーヌ地方は、パティスリーに並ぶトゥレトゥール（お惣菜）がよく知られている。パイ生地にベーコンやチーズを入れ、卵や牛乳を混ぜたアパレイユを流した料理のキッシュ・ロレーヌはフランス全土で食べられ、現地には専門店もある。またマリネした肉をパイ生地で包み、生クリームや卵などのアパレイユを流して焼いたトゥルト・ロレーヌも定番だ。

お菓子では、ロレーヌ公国を治めた美食家のスタニスラス・レクチンスキー公に由来するババやマドレーヌと、それにまつわるエピソードがお菓子好きにはよく知られている。ほかにも修道院生まれのマカロン・ドゥ・ナンシーやヴィジタンディーヌが有名である。お土産には、黄金色に輝くベルガモットの香りが華やかなキャンディーの人気が高い。そして、忘れてならないのがロレーヌ名産のフルーツ「ミラベル」。世界の7割近くをロレーヌ地方で生産しており、ミラベルをたっぷり使ったタルトやジャムは、この土地ならではのお菓子として親しまれている。収穫期にはミラベル祭が開催される。

マドレーヌ
Madeleine

女性の名前が付けられた小さな貝殻形のお菓子

　日本でもおなじみの貝殻形の焼き菓子、マドレーヌ。キリスト教の巡礼路のサンチアゴ・デ・コンポステーラを歩む巡礼者に、聖ヤコブを象徴する貝形のお菓子を配っていたのがはじまりなど、このお菓子の誕生には諸説ある。

　最も有名な説は、1750年頃にコメルシーにあるスタニスラス・レクチンスキー公の城で生まれたというものである。客人を迎える準備で大忙しだったお城の厨房で喧嘩が起こり、菓子職人が出て行ってしまう。そこで急きょ女中のマドレーヌ・ポルミエが代理で作ったお菓子を、スタニスラス公と客人が非常に気に入り、彼女の名を取ってマドレーヌと名付けたという。余談で、後日スタニスラス公は、このお菓子を娘（ルイ15世の妻であるマリー）のいる宮殿に送った。それはたちまち評判となり、人々はこのお菓子を「ガトー・ドゥ・ラ・レーヌ（王妃のお菓子）」と名付けようといったが、彼女自身が反対をし、名前が変わることはなかったそうだ。

　ほかにはこんな説もある。17世紀にコメルシー城のレ枢機卿のお付きの女性料理人のマドレーヌ・シナモンが作ったというもの。客人のロングヴィル侯爵夫人がこのお菓子を気に入り、名前がまだなかったので、料理人の名を付けたのだとか。

　どちらの説もコメルシー発祥である。当時地方都市であったコメルシーではマドレーヌの需要は少なかったが、1852年にパリとストラスブールを結ぶ鉄道が開通し、コメルシーに駅ができたことでその需要は大きく増えた。ヴォージュ産のモミの木で出来た箱はマドレーヌのイメージアップに繋がり、県の法令で駅のホームでの販売が許可され、お土産として人気に。

　現在コメルシーのマドレーヌ専門店では、ロレーヌの十字架を描いた鐘がデザインされた木箱が並ぶ。それは1752年にコメルシーの聖パンタレオン教会に巨大な鐘を贈った、スタニスラス公への敬意を表しているのではないかといわれている。［菓子製作＝下園昌江］

1. コメルシーのマドレーヌ専門店。2. 鐘のイラストが入ったマドレーヌの木箱。現在はブナの木で作られているそうだ。3. お店を見学した際に食べたマドレーヌは、ふんわりやわらかかった。ミラベルの紅茶とともに。

Données

- 焼き菓子
- ハプニングから生まれたもの
- バター、卵、砂糖、小麦粉

ババ
Baba

ロレーヌの宮廷で生まれ、パリで花開いたお菓子

このお菓子は、ポーランド出身でロレーヌ公国を治めていたスタニスラス・レクチンスキー公により誕生したといわれる。彼が旅先から持ち帰って乾燥してしまったブリオッシュを美味しく食べられるよう、お酒入りのシロップに浸したものがババの原型である。当時は、キク科の植物やサフランで香り付けしたシロップを入れたワインに浸して作っていた。19世紀になるとラム酒が入手しやすくなったため、現在ではラム酒を使ったババが一般的である。

スタニスラス公はアラブ文学の『千夜一夜物語』を愛読していたので、このお菓子は主人公「アリ・ババ」の名前をとって名付けたといわれている。ただ一方で、ポーランド語でおばさんとかおばあさんを意味する「ババカ」という発酵菓子からきているという説もある。

ババを有名にしたのは、スタニスラス公に仕えていた宮廷料理人のニコラ・ストレールである。彼はスタニスラス公の娘がルイ15世に嫁いだ際に、お付きの料理人としてパリに移り、1730年にパリ2区のモントルグイユ通りに自身の店「ストレール」を開く。そこでロレーヌのババのレシピをさらに改良して販売したところ、その美味しさから看板商品になり、広く知られるようになった。現在でもお店はパリ最古のパティスリーとして親しまれている。

ちなみにババから派生したサヴァランは、1845年に菓子職人のオーギュスト・ジュリアンが、政治家で美食家でもあるブリア＝サヴァランへのオマージュとして作ったお菓子である。丸く焼いた発酵生地にシロップを染み込ませ、中央のくぼみにカスタードクリームや泡立てた生クリームを絞ったものである。「ブリア＝サヴァラン」という名で誕生したこのお菓子は、いつの間にか「サヴァラン」の名前で呼ばれるようになり現在に至る。［菓子製作＝ヴィロン］

1. パリ最古のパティスリー「ストレール」のババ。2. ストレールは、パリ2区のモントルグイユ通りに立つ。3. ストレールの看板。4. ババから派生したサヴァラン。ナンシーのパティスリーにて。

Données
- C 生菓子
- O 偶然生まれたもの
- P パータ・ババ
- M バター、卵、砂糖、小麦粉、牛乳、酒、酵母、塩、レーズン

ミラベルのタルト
Tarte aux Mirabelles

特産のミラベルは惜しみなくふんだんに

　ミラベルは、黄色の小さな果実でプラムの一種である。16世紀にミラベルの産地と知られるようになったロレーヌ地方は、現在も生産高が世界1位、全世界の70％ほどのシェアを占めるとか。8月半ばから9月半ばまでのほんの短い期間しか出回らず、食べ頃を迎えたミラベルは梅のような爽やかさと桃のような甘みがあり、その美味しさで人々を魅了している。

　そのミラベルを惜しみなくたっぷりと詰めたタルトは、ロレーヌ地方のスペシャリテ。タルト生地にフレッシュのミラベルをぎっしりと並べてそのまま焼くか、卵や砂糖、牛乳などを混ぜ合わせたアパレイユを流して焼く。ミラベルは半割りにして種をとる場合と丸ごと種付きのまま入れる場合があるが、ロレーヌ地方出身のパティシエによると、種付きで焼いたほうが種の持つ独特の香りが出て美味しいのだとか。

　収穫時期が短いミラベルは加工品も多く、リキュールやピューレ、コンフィチュールなどに加工され、その美味しさを長く楽しむことができる。［菓子製作＝下園昌江］

1. ミラベルの美味しさを凝縮させたパート・ドゥ・フリュイ。
2. 旬の時期には溢れんばかりのミラベルがマルシェに並ぶ。

Données
- **C** 焼き菓子
- **O** 地方産物を活かしたもの
- **P** パート・シュクレまたはパート・ブリゼ
- **M** バター、砂糖、卵、小麦粉、牛乳、生クリーム、ミラベル

ヴィジタンディーヌ
Visitandine

サント゠マリー修道会の修道女に由来するお菓子

　ヴィジタンディーヌとは、フランス語で聖母訪問会（サント゠マリー修道会）の修道女のことを表す言葉である。1632年、聖母訪問会がナンシーに設立され、貧しい人や病人を訪問したり、子どもたちの教育の手助けをしたりしていた。しかしフランス革命により修道女たちは修道院を追い出されてしまう。1801年にナポレオンとローマ教皇ピウス7世の政教条約により、修道女たちは戻ることができた。それを祝ってこのお菓子が誕生したのではないかといわれている。1890年出版のお菓子の歴史を記録したフランスの書籍『LE MÉMORIAL HISTORIQUE ET GÉOGRAPHIQUE DE LA PÂTISSERIE』では、はじめてヴィジタンディーヌの存在が文献で確認され、その美味しさが褒め称えられている。

　形は、丸くて溝のある形と、小舟のようなナヴェット形の2種類。材料や作り方はフィナンシェに似ている。日持ちして、お茶菓子にもなるため、19世紀に流行り、20世紀にはサロン・ドゥ・テでよく登場したそうだ。［菓子製作＝下園昌江］

ふっくら黄金色のヴィジタンディーヌ。現在は見つけることが難しいがナンシーのパティスリー「ルクーヴルール」にあった。

Données
- ⓒ 焼き菓子
- ⓞ 修道院で生まれたもの
- Ⓜ バター、卵、砂糖、小麦粉

マカロン・ドゥ・ナンシー
Macaron de Nancy

料理上手な修道女によって広まったマカロン

　中世の修道院では、金曜日や四旬節には肉食が禁じられていた。その間は栄養を補うために、お菓子が作られていたという。特にナンシーのサン＝サクルマン修道院は食事制限が厳しく、常に肉食は禁止されていたため、修道女たちはよくお菓子を作っていた。しかしフランス革命で修道会の解散が命ぜられ、修道女たちは追い出されてしまう。そんななか、修道女のエリザベートとマルグリットは医者のゴルマン家に身を寄せ、そのお礼としてお菓子を作り、売ることにした。なかでも特に人気だったのが、このマカロンだ。それは門外不出のレシピとして受け継がれてきた。その特徴は3つ。1. 表面がかたく、なかはやわらかい食感であること。2. 表面にひびが入っていること。3. 台紙に生地を直接絞って焼き、そのまま販売していること。

　現在もこのマカロンの伝統を受け継ぐお店がナンシーのガンベッタ通り沿いにある。店内には、2人が所属していたベネディクト会の修道女の姿がステンドグラスに描かれている。[菓子製作＝ブロンディール]

1. 伝統を受け継ぐ「メゾン・デ・スール・マカロン」の外観。
2. ベネディクト会の修道女が描かれたステンドグラス。

Données
- C 焼き菓子
- O 修道院で生まれたもの
- P パータ・マカロン
- M 卵白、砂糖、アーモンド

ベルガモット・ドゥ・ナンシー
Bergamote de Nancy

ベルガモットが香る黄金のキャンディー

　黄金色に透き通った小さなキャンディーの特徴は、なんといってもベルガモットの優雅な香りにある。ベルガモットはミカン科の柑橘類で、イタリアのシチリアが原産地として有名である。遠く離れたロレーヌ地方まで、なぜそれが伝わったのかというと、1431〜1453年にロレーヌ公国の王を務めたルネ1世が、任期中にシチリアの王でもあった時期があるためである。

　ベルガモットはその優雅な香りから、当時は化粧品や香水に使われることが多かった。1850年頃に、ナンシーの糖菓職人のジャン・リリックが友人の調香師にリクエストされて作ったのが、このキャンディーのはじまりといわれる。その評判はナンシーを越えて広く知れ渡り、1909年にナンシーで開催された国際博覧会に出品され、さらに有名になった。

　フランスの映画『アメリ』で、宝物入れとして登場したことでも有名なこのキャンディー缶には、ナンシー中心部にあるスタニスラス広場が描かれている。缶には様々なデザインがあり、コレクターが多いことでも知られる。［菓子製作＝ブロンディール］

1. 豪華絢爛なスタニスラス広場の門。2. スタニスラス広場がデザインされた缶。

Données

- **C** コンフィズリー
- **O** 外国の影響を受けたもの
- **M** 砂糖、ベルガモット

ガトー・オ・ショコラ・ドゥ・ナンシー
Gâteau au Chocolat de Nancy

ナッツ入りの贅沢なチョコレートケーキ

　チョコレートを使った地方菓子は少ない。その理由は、チョコレートは長い間、一部の裕福な人たちだけが味わえる高価なものだったからだと考えられる。そのチョコレートを使った、ナンシーで生まれたこのお菓子は、一見普通のチョコレートケーキのようだが、アーモンドやヘーゼルナッツのパウダーを使用していることが特徴。チョコレートのほろ苦さにナッツの豊かなコクが加わり、ふくよかでリッチな味わいである。

　ナンシーの北に位置するメッスにも、チョコレートを使ったお菓子、ガトー・オ・ショコラ・ドゥ・メッスがある。こちらは共立てのスポンジケーキに近い生地に、削ったチョコレートと生クリームを加えて焼いたものである。どちらも家庭菓子として親しまれているようで、パティスリーで見かけることはほぼない。美食家で歴史民俗研究家のE・オリコスト・ドゥ・ラザルクが1890年に出版した本『CUISINE MESSINE』には、ナンシーとメッス両方のチョコレートケーキのレシピが紹介されている。［菓子製作＝ヴィロン］

メッスはシャガールが手掛けたステンドグラスがあるサン＝テティエンヌ大聖堂も有名。

Données
- ⓒ 焼き菓子
- Ⓜ バター、卵、砂糖、アーモンド、小麦粉、チョコレート

メレンゲ
Meringue

卵白と砂糖を泡立てて作る、甘くて軽い食感

「こんな大きいメレンゲを本当に食べるの？」。フランスの、特に地方を歩いていると、ときどき巨大なメレンゲ菓子に出会うことがある。メレンゲは、卵白に砂糖またはシロップを加えて泡立てたものを指す。そのまま焼くほかに、様々なお菓子の生地に混ぜて軽さを出すことが多く、現代のお菓子作りには欠かせない存在だ。現在作られているメレンゲの種類は大きく分けて3つ。卵白に砂糖を入れて泡立てるフレンチメレンゲ、卵白に熱したシロップを加えて泡立てるイタリアンメレンゲ、卵白に砂糖を加えて湯煎しながら泡立てるスイスメレンゲである。

発祥には諸説あるが、有力なのは1720年頃にスイスのマイリンゲンでイタリアの菓子職人のガスパリーニによって考案された説。ほかにも、フランスでは18世紀にヴィッサンブールでロレーヌ公国のスタニスラス・レクチンスキー公がはじめて食べたという説もある。そして、もっと前にポーランドで「マルツィンカ」という名で存在していた説もある。白く甘いメレンゲは当時の人々を喜ばせたことだろう。［菓子製作＝ブロンディール］

1. ローヌ＝アルプ地方では赤いプラリーヌ入りのメレンゲを発見。2. アイスをメレンゲで囲ったヴァシュラン・グラッセ。

Données

- **C** 焼き菓子
- **P** パータ・ムラング
- **M** 砂糖、卵白

Colonne

お菓子の型について

お菓子作りでお菓子の型の果たす役割は大きい。その形や材質は、その出来上がりに大きく影響する。本書で取り上げたお菓子を中心に、その型を紹介していく。

1 アニョー・パスカル型

アルザス地方で復活祭に食べるアニョー・パスカルのための羊の形の型。左右に分かれているため、生地を流し込むときは金具で留めて逆さまにする。アルザスには同じようなウサギの型のラパン・パスカルもある。陶器製。

2 ガトー・バチュ型

ピカルディ地方の大きな発酵菓子に使う。花のような形が下から上にかけてゆるやかに広がる。ガトー・バチュに使う生地はバターが多くとてもやわらかいため、高さのある型を使用し、上に膨らむように焼き上げる。

3 ブリオッシュ型

ブリオッシュ用の大きな型。そのまま焼いたり、頭を付けて成形し、ブリオッシュ・ア・テットを作る。お菓子では、ミディ＝ピレネー地方のトゥルト・デ・ピレネーなどに使用する。大きな型なので表面が香ばしく、なかはしっとりと焼き上がる。

4 マドレーヌ型

貝殻の形をした型。大小はもちろん、細長いものや丸みを帯びたものなど様々な型がある。溝が深い方が焼き上がりに陰影がくっきりでて美しい。シリコン型も多いが金属の方が焼き色が美味しそうに付く。

5 クグロフ型

陶器製のものは熱がじっくり伝わり、ふっくらと焼き上がりやすい。使い込むにつれて型にバターが染み込み、焼成後の香りが重厚になる。アルザスのスフレンアイム村で多く製造されている。

6 カヌレ型

縦溝が特徴の型。様々な材質のものがあるが、厚みのある銅製のものが熱の伝わりが均一で美しく美味しく焼ける。蜜ろうを付けて焼くのが伝統的だが、バターを塗って焼いても美味しくできる。

7 スプランジェール型

アルザス地方のお菓子のパン・ダニの生地を使用し、レリーフ型で焼くと「スプランジェール」と呼ばれるお菓子が出来上がる。クリスマスの時期によく見られ、ドイツでも食べられている。動物やハートなど様々な型がある。

8 ヴィジタンディーヌ型

ヴィジタンディーヌは、伝統的には丸くて溝のある花のような型もしくは小舟のようなナヴェット型で焼く。フィナンシェと似た生地で作るので、型がない場合はフィナンシェ型で代用することもある。

9 マンケ型

比較的利用頻度の高いシンプルな丸い型。下から上にやや広がっている。ガトー・バスクやガトー・ナンテ、コロンビエなど、丸くて大きな比較的厚みのある生地を焼くことが多い。

10 ポンポネット型

背の低い型で、角が丸いのが特徴。サイズは様々だがよく使用するのは直径6cm前後の小さなもの。コンヴェルサシオンやポン＝ヌフなど小ぶりな焼き菓子に使うことが多く、小さなタルトを焼くときにも使用する。

Colonne 73

4

Bretagne
Normandie

ブルターニュ地方
ノルマンディ地方

地域の特徴

フランス北西部に突き出るような形をしたブルターニュ地方。この地は5世紀にイギリスからケルト人が移住したことから、ケルト文化を色濃く残す地域だ。10世紀にブルターニュ公国として栄えるが16世紀にフランス王国に併合された歴史を持つ。東西に長く、東に中心都市のレンヌ、西には焼き物が有名なカンペールや中世の趣を残したロクロナン村、北には港町のサン＝マロがある。ノルマンディ地方は、イギリス海峡に臨む地域。9世紀に北欧から上陸したヴァイキングにより築かれた。第2次世界大戦末期の連合軍のノルマンディ上陸作戦は歴史的に有名である。深い傷痕を残したが、現在では緑が広がる美しい牧歌的な風景が広がり、小麦の栽培や酪農が盛んだ。ルーアンの大聖堂、世界遺産のモン＝サン＝ミッシェルがあることでも有名。ブルターニュ地方とノルマンディ地方、文化は異なるが、海に面し、酪農と農業が盛んなことは共通している。

食文化の特徴

海に囲まれたブルターニュ地方は、オマール海老やムール貝、牡蠣など海産物が豊富。農業も盛んで、特にアーティチョークの産地として知られる。代表的な郷土料理のガレットは、この地のそば粉が使用されている。南部のゲランドでは、伝統的な製法で塩が作られ、酪農も盛んなことから、有塩バターを使ったお菓子が多い。キャラメルやサブレなどに使用されている。

温暖な気候のノルマンディ地方は、小麦や果物の栽培、酪農が盛んだ。日本でも知られるカマンベールチーズはこの地のもの。ノルマンディも海に面しているため、ほたて貝や牡蠣がとれる。それを名産の生クリームとともにソースに使用することもある。りんごも栽培されるため、りんごのお菓子が多く、シードルやカルヴァドスなどのお酒も有名。家庭的なお菓子では、ミルク粥を陶器に入れて長時間焼いたトゥルグルや、特産のバターを使ったサブレなどがある。

ガレット・ブルトンヌ / パレ・ブルトン
Galette Bretonne / Palet Breton

Bretagne

バターリッチで甘じょっぱいサブレ

「ガレット」とは、平たく丸い形状の食べ物を指す。お菓子ではガレット・デ・ロワやガレット・ペルージェンヌ（P106）、料理ではそば粉やジャガイモのガレットがあり、様々な料理やお菓子の名称に使われている。ガレットの歴史を辿るとはるか昔、紀元前7000年頃に水とすりつぶした穀物でできた粥状の生地を、熱した平たい石の上で焼いたものが起源とされる。それがそば粉のガレットやパンのはじまりといわれる。

ブルターニュでガレットといえば、そば粉のガレットを指すが、お菓子のガレットも広く愛されている。

ガレット・ブルトンヌはブルターニュの薄くて丸いサブレのこと。似たようなお菓子で、パレ・ブルトンと呼ばれるものもあり、こちらは厚さが1cmほどの厚焼きのサブレのことである。

材料はどちらも同じで、バター、卵、砂糖、小麦粉、塩を使用し、風味や香り付けにバニラやラム酒を使用することもある。一般的なサブレに比べてバターの比率が高いため、サクサクと軽い食感でバターのコクを感じさせる。ブルターニュはイギリスから追われたケルト人が移り住んだことから、イギリス菓子のショートブレッドの影響があるという説もある。バターはブルターニュ名産の有塩のものを使用することが特徴で、これによりほんのり塩気を感じさせる焼き上がりになる。表面に卵液を塗りフォークで模様を付けたもの、もしくは何も塗らずにそのまま焼いたものがあり、パレ・ブルトンは比較的何も塗らないタイプが多い。

パティスリーでも売られているが、現在は工場生産のものが多い。箱や缶に入った土産物としてブルターニュのあちこちで見かけることができる。［菓子製作＝下園昌江］

1. ブルターニュの郷土料理のそば粉のガレット。卵、チーズ、ハムを組み合わせた定番メニュー「ガレット・コンプレ」。 2. ブルターニュのサン＝マロで、伝統的な製法でバターを作っているお店「ラ・フロマージェ・ジャン＝イヴ・ボルディエ」。 3. ブルターニュ地方名産の陶器、カンペール焼きのデザインのガレット用の缶。

Données

- C 焼き菓子
- O 地方産物を活かしたもの
- M バター、卵、砂糖、小麦粉、塩

クイニー=アマン
Kouign-Amann

バターと砂糖たっぷりの素朴で贅沢な味わい

　バターがたっぷり使われ、ブルトン語で「バターのお菓子」という意味を持つ。現地では「クイニャマン」と発音される。

　誕生の経緯は諸説あるが、発祥の地といわれるドゥアルヌネのクイニー=アマン協会では、5つの説が紹介されている。1. バターが豊富で小麦粉が不作のときに誕生した説。2. 失敗したパン生地を無駄にしないよう、バターと砂糖をたっぷり折り込んだのがはじまりという説。3. ノルウェーやデンマークと貿易をしていた、ブルターニュの西部のドゥアルヌネにそれらの国のお菓子が伝わってきたという説（これは可能性としては低いらしい）。4. 1860年頃にドゥアルヌネのパン職人、イヴ・ルネ・スコルディア氏が作ったのがはじまりという説。5. ブルターニュのお祭りのパルドン祭のときに、農夫が持ってきたバターを使って、パン職人が作り出したという説。

　現地では大きめに作ることが多く、ほおばると砂糖のジャリッとした食感と、じゅわっと染み出るバターの旨みが広がり、素朴ながらとても贅沢な味わいである。［菓子製作=ヴィロン］

1. 発祥地のドゥアルヌネにて。薄い生地が特徴的。2. 生地をロール状に巻いて焼くお店もあった。

Données
- **C** 発酵菓子
- **O** 地方産物を活かしたもの
- **M** バター、砂糖、小麦粉、酵母、塩

クレープ
Crêpe

春の到来と豊穣を願って食べられてきたおやつ

　クレープの原型はガレット・ブルトンヌ（P77）と同じように古代に起源がある。中世期、十字軍により中国からそばが伝わり、ブルターニュでの栽培が盛んになる。そば粉のガレットが誕生し、その後小麦粉を使うクレープが作られるようになる。そば粉のガレットが野菜や卵などと合わせる食事に対し、小麦粉のクレープはバターや砂糖などをかけるお菓子である。

　フランスでは2月2日を聖母お清めの日（シャンドゥルール）としている。豊穣と多産を祈願する古代ローマ時代のルペルカリア祭を、キリスト教に取り込んだ行事である。シャンドゥルールには、ろうそくという意味がある。最初はろうそくを持って参列をする習わしだったが、いつしかクレープを焼く習慣がはじまった。春を待ちわびるこの時期、クレープの丸い形と黄金色が、太陽の光や豊穣のイメージに繋がったのだ。

　ちなみにクレープを焼くときにこんな運試しがある。左手でコインを握りながら右手でクレープを高く上手にひっくり返せたら、その年は幸運が訪れるのだとか！ [菓子製作＝下園昌江]

1. レンヌのマルシェにはクレープの屋台が出ていた。
2. ブルターニュ名物りんごの発泡酒シードルとともに。

Données
- Ⓒ 焼き菓子
- Ⓞキリスト教の季節行事
- Ⓟパータ・クレープ
- Ⓜ バター、卵、砂糖、小麦粉、牛乳

ガトー・ブルトン
Gâteau Breton

船乗りたちにも好まれた日持ちする焼き菓子

　このお菓子の誕生は19世紀末に遡る。ブルターニュ地方モルビアン県のポール＝ルイ出身の女性と結婚したスイス人菓子職人のクリュセールが、1863年にパリで開催された万国博覧会で、ガトー・ブルトンの原型となる「ガトー・ロリアンテ」を出品した。その後モルビアン県のロリアン一帯で有名になり、後に「ガトー・ブルトン」として広まる。お祭りや家族のお祝いの日に食べられ、日持ちすることから船旅に持っていくお菓子としても重宝された。船乗りたちはこのお菓子を食べることで、故郷を思い出していたのだろう。

　厚く焼いた大きく丸い形で、生地だけの場合やなかにプルーンなどのドライフルーツやジャムを挟んで焼くこともある。表面は卵を塗り、フォークで格子状に模様を描くスタイルが定番だ。パティスリーやマルシェなどで売られているが、それぞれの家庭でレシピがあり、代々受け継がれているそう。最近ではロリアンで、アマチュア対象のガトー・ブルトン世界大会が開催されている。［菓子製作＝シュクレリーナード］

1. 珍しく四角にカットされているものも。パティスリーに並んでいた。2. 挟むフィリングは様々だが、プルーン入りをよく見かける。

Données
- **C** 焼き菓子
- **M** バター、卵、砂糖、小麦粉、塩、フルーツ加工品

ファー・ブルトン
Far Breton

ブルターニュ地方の家庭で親しまれてきた味

　古代ローマ時代の、細かく砕いた小麦に水分を加えて練った粥状のものが起源の「ファー (Far)」。ブルターニュ地方には「キー・カ・ファー (Kig ha farz)」という、そば粉を練った生地を袋に入れて、肉や野菜と煮るポトフのような伝統料理がある。ファーは、お祝いやお祭りの日は甘くしてお菓子として食べられていて、それが現在のファー・ブルトンに発展した。

　このお菓子がいつから作られていたかは定かではないが、18世紀の文献では存在が確認されている。伝統的なものは生地のみで作られていたが、19世紀になるとりんごやレーズン、プルーンなどのフルーツを加え、ラム酒やバニラで香り付けするようになった。材料を混ぜて焼くだけという手軽さから、家庭で作られてきたお菓子である。ちなみにこの地域で話されているブルトン語では「Farz Fourn」と綴り、かまどで焼いた小麦という意味を持つ。［菓子製作＝アヴランシュ・ゲネー］

大きなバットで焼き、四角にカットして販売しているお店もある。

Données

Ⓒ 焼き菓子
Ⓜ バター、卵、砂糖、小麦粉、牛乳、プルーンなど

キャラメル・オ・ブール・サレ
Caramel au Beurre Salé

ブルターニュ特産の塩がアクセントに

　ブルターニュの街ではパティスリー、マルシェ、土産物屋などいたるところで、キャラメルを見かける。透明のセロハンで包まれたもの以外に、キャラメルソース、キャラメルペーストも並ぶ。これらには有塩バターが入っているのが特徴だ。

　ブルターニュはほかの地域に比べて有塩バターの消費量が多く、日常的に使われている。フランスでは中世のはじめまで、保存のためバターには塩を入れていた。それが1343年にフィリップ6世により塩税が課せられるようになり、その税金の高さから無塩バターが一般的になる。ブルターニュ地方は、かつてのブルターニュ公国の王女の娘がフランス国王と結婚したため、特権として塩税を免除されて、そのまま有塩バターが残った。

　キャラメルは長い間家庭で作られてきた。しかしブルターニュ南部のキブロンにある「アンリ・ルルー」の創始者アンリ・ルルー氏がこのお菓子を作り出したことによって洗練されたコンフィズリーとして注目され、ブルターニュを越えて世界的に有名になった。［菓子製作＝アンリ・ルルー］

1. キブロンにあるアンリ・ルルー本店。2. ゲランドでは伝統的な製法で塩が作られている。

Données
- **C** コンフィズリー
- **O** 地方産物を活かしたもの
- **M** バター、砂糖、生クリーム、塩

ファリュ
Fallue

ブリオッシュ発祥の地で生まれた公現祭のお菓子

　ノルマンディは温暖な気候で酪農が盛んなことから、バターの産地として知られている。そのため、バターをたっぷり使うブリオッシュ発祥の地だとも考えられている。ブリオッシュの語源については4つの説がある。1.ノルマン語の「brier（つぶす）」から派生した説。2.ブリチーズを使っていたことに由来する説。3.ブルターニュ地方の町サン＝ブリュクのパティシエが考案した説。4.サン＝ブリュクの住民を指す「Briochin（ブリオシャン）」から派生した説。

　ノルマンディの伝統的なブリオッシュ「ファリュ」の歴史は古く、13世紀の公現祭にまつわる詩に登場している。ノルマンディではガレット・デ・ロワの登場以前は、公現祭の時期にファリュを食べていたようだ。ファリュの特徴は細長い楕円形であることと、焼成前にハサミで切込みを入れること。「falue」と綴られることもあり、ノルマンディの言葉で「胃」を意味する。[菓子製作＝パッションドゥローズ]

1. 大きな食パン型で焼いたブリオッシュ・ナンテール。2. 左は縦長に焼いたブリオッシュ・ムースリーヌ。

Données

C 発酵菓子
O 地方産物を活かしたもの、キリスト教の宗教行事
P パータ・ブリオッシュ
M バター、卵、砂糖、小麦粉、生クリーム、塩

タルト・ノルマンド
Tarte Normande

名産のりんごを存分に味わうならこのタルト

タルト・ノルマンドは、パイ生地またはブリオッシュ生地をタルト型に敷き込み、生のりんごを並べ、生クリーム、卵、砂糖を混ぜたアパレイユを流して焼いたお菓子だ。シンプルな材料で作るため、りんごの酸味と食感が際立つ。りんごは生のまま使うことがほとんどだが、バターと砂糖でソテーすることもある。そうするとコクが出て深みのある味に仕上がる。

雨が多く温暖なノルマンディ地方は、りんごの名産地だ。この地方の家庭では、庭に異なる種類のりんごの木を植えて、少しでも収穫時期が長くなるようにしているそう。そのため、時期によってタルトに使うりんごの種類は変わり、様々な味わいを楽しむことができる。

りんごの切り方は、現地ではくし形のものを多く見かけたが、拍子木切りにする場合もある。そうするとアパレイユとの絡みも良くなり、食べたときの印象が異なる。同じようなりんごのタルトでも、あたたかみのある素朴な雰囲気であることからおばあちゃんのタルトを意味する「タルト・グラン・メール」と呼ばれることもある。

りんごの産地らしく、ノルマンディにはこれ以外にもりんごのお菓子が多い。りんごを丸ごとパイ生地で包んでオーブンで焼いた「ブールドロ」や、りんごの芯をくり抜いてなかにリンゴのコンポートやバターを入れて焼き上げた焼きりんごの「ポム・オ・フール」などもある。ちなみに、りんごはお酒にも加工されて、ノルマンディの名物にもなっている。発泡酒の「シードル」や蒸留酒の「カルヴァドス」、りんご果汁とカルヴァドスを合わせて熟成させた「ポモー」がある。［菓子製作＝アヴランシュ・ゲネー］

1. 拍子木切りにしたりんごを使うと、アパレイユがよく絡んで優しい食感になる。2. りんごの蒸留酒のカルヴァドス。3. ノルマンディのパティスリーには、りんごの形のお菓子もあった。4. マルシェに並ぶ様々な種類のりんご。

Données

- **C** 焼き菓子
- **O** 地方産物を活かしたもの
- **P** パート・フィユテまたはパート・ブリゼまたはパータ・ブリオッシュ
- **M** バター、卵、砂糖、小麦粉、生クリーム、りんご

ルーアンのミルリトン
Mirliton de Rouen

ルーアンから広まった素朴なタルト

　パイ生地にアーモンドクリームを詰めて、粉糖をふって焼いた小さなタルト。アーモンドの香ばしい素朴な味わいが特徴である。ノルマンディ地方発祥だが、特にルーアンのものが有名なため、この名で呼ばれる。19世紀の教科書で、その存在が確認されている。

　ミルリトンの名前の由来や誕生には諸説ある。フランス語で「騎兵さんの帽子」という意味からきているとか、「葦の横笛」という意味の19世紀後半に流行したカフェ・コンセール(音楽喫茶)の名をそのまま付けたとか、ルイ15世治下に鋳造されたルイ金貨をイメージして作られたともいわれる。

　アパレイユは最初、卵と砂糖だけの家庭的なものだったが、ルーアンのものはノルマンディ特産の良質の生クリームを入れてコクを出す。今日ではオレンジの花の水やジャム、りんごやあんずなどの季節のフルーツなどを加え、アレンジされたものもある。［菓子製作＝アルカション］

1. ルーアンのシンボル、ルネサンス様式の大時計。2. 店先で積み重ねられていた。

Données

- **C** 焼き菓子
- **O** 地方産物を活かしたもの
- **P** パート・フィユテまたはパート・ブリゼ
- **M** バター、卵、砂糖、アーモンド、小麦粉、生クリーム

サブレ・ノルマン
Sablé Normand

酪農が盛んな土地らしくバターをたっぷり配合

　サブレとは、バターの風味が濃厚な、さくっとした食感のクッキーのこと。発祥は19世紀以前のノルマンディ地方と考えられている。サブレの由来については、3つの説がある。1. ノルマンディにほど近いペイ＝ドゥ＝ラ＝ロワール地方の町、サブレ＝シュル＝サルトに由来するという説。2. アンリ4世の妻のマリー・ドゥ・メディシスに仕えていたサブレ公爵夫人の名前をとったという説。3. サクサクして砂（sable）が崩れるような食感からという説。たしかに製菓用語で「サブレ（sabler）」とは、粉と油脂を細かい粒子状に混ぜ合わせることをいう。

　土地の半分が牧草地であるノルマンディ地方は、フランスきっての酪農地帯。サブレ・ノルマンには、ノルマンディ地方の良質なバターと、小麦粉など現地の特産物が使われている。昔は農家などでよく作られたが、現在では工場生産のものが多く出回り、フランス全土で見ることができる。材料は、バター、卵、砂糖、小麦粉が基本だが、ゆで卵の黄身を漉して、生地に混ぜ込む製法もある。［菓子製作＝パッション ドゥ ローズ］

1. ノルマンディ地方は、牧歌的な光景が広がる。2. 酪農が盛んなため、良質な乳製品が多い。

Données.

- **C** 焼き菓子
- **O** 地方産物を活かしたもの
- **P** パート・サブレ
- **M** バター、卵、砂糖、小麦粉

5

Centre-Val-de-Loire
Pays-de-la-Loire

サントル＝ヴァル＝ドゥ＝ロワール地方
ペイ＝ドゥ＝ラ＝ロワール地方

地域の特徴

ロワール川流域に位置するサントル＝ヴァル＝ドゥ＝ロワール地方とペイ＝ドゥ＝ラ＝ロワール地方。かつて王侯貴族が競うように城を建て、狩猟を楽しんでいた地域である。ロワール川による海洋性気候により、通年雨量が安定していて、温暖な気温に恵まれているため、古くから農業や牧畜が盛んに行われ、美食の地としても知られる。

サントル＝ヴァル＝ドゥ＝ロワール地方は、穏やかな気候と美しい自然によって「フランスの庭」と呼ばれ、2000年前からぶどう畑とワイナリーが点在している。15世紀の王のシャルル7世がこの地に最初に宮廷を置いてから約200年近くにわたり、政治・文化の中心として栄えてきた。

ペイ＝ドゥ＝ラ＝ロワール地方は、ロワール川の下流に広がる平野地帯。オルレアンとナントを結ぶ交通の中継地として栄えてきた。大西洋に面した海岸地帯には、美しいビーチリゾートが多く、人気を集めている。

食文化の特徴

この地は農業や牧畜のほかに、ロワール川ではウナギや川カマスといった川魚がとれ、ソローニュの森は野生の鹿やイノシシなどのジビエ、そして風味豊かなキノコの宝庫でもある。大平野が広がるボース地方は麦の栽培が盛んで、フランスの穀倉としても知られている。

果物も多く収穫されるため、それらを使ったお菓子も多い。なかでもフランス菓子を代表するタルト・タタンは有名である。またピティヴィエや、コルムリーのマカロン、ガレット・ナンテーズ、ガトー・ナンテなど、町の名前の付いたお菓子も多い。

お菓子作りに使うオレンジの皮から作られるリキュール「コアントロー」は、ペイ＝ドゥ＝ラ＝ロワール地方のアンジェに住むコアントロー家が考案したもの。

タルト・タタン
Tarte Tatin

Centre-Val-de-Loire

失敗から生まれた、ひっくり返して食べるタルト

　タルト・タタンは、ソローニュ地方のラモット゠ブーヴロンにある1894年創業のホテル・タタンが発祥である。20世紀はじめに、このホテルの経営者タタンの2人娘の失敗から偶然に生まれたお菓子である。ある日曜日のこと、姉のステファニーがりんごのタルトを作っていた。その日は忙しく、慌てて作ったためにタルト生地を敷き忘れてしまい、りんごだけを型にいれて焼いてしまっていた。そこで、急きょその上から生地をかぶせて焼き、ひっくり返したところ、キャラメリゼされた砂糖がりんごに染み込み、とても美味しく仕上がった。それが好評を博し、このお菓子はタタン姉妹のタルトという意味の「タルト・タタン」と呼ばれ、今なお愛されている。

　作り方は、タルト型にバターをたっぷり塗り、砂糖をふりかけ、4つ切りのりんごをのせる。上からバター、さらに砂糖をかけ、練りパイ生地で覆う。りんごに焼き色が付き、砂糖がキャラメル状になるまで焼いたタルトは、その一台にりんごの美味しさが凝縮されている。それをお皿にひっくり返してのせれば出来上がりだ。

　りんごは果汁の少ない果肉の締まったものが向いていて、しわしわになってしまったりんごでも美味しくできる。なかでも9月末から10月に出回るレイネット種が最適といわれる。

　現在もこの町にはホテル・タタンがあり、当時の味を味わうこともできる。ホテルには、タタン姉妹が使っていたといわれるかまども残っている。また、この町では年に1度、「タルト・タタンを守る協会」主催のタルト・タタン祭が開かれる。町には、このお菓子を売る屋台が並び、自作のタルトで競い合うタルト・タタン・コンテストもある。［菓子製作＝ヴィロン］

1.「ホテル・タタン」の外観。2. このホテルに今も残るかまど。3. ホテルでは当時の味を今に伝えている。4. 町では、りんごの形がなくなるほど、よく焼かれたものもある。

Données

- 焼き菓子
- ハプニングから生まれたもの
- パート・ブリゼ
- バター、卵、砂糖、小麦粉、りんご、塩

ピティヴィエ・フィユテ
Pithiviers Feuilleté

小さな町で生まれたアーモンドたっぷりのパイ

　サントル゠ヴァル゠ドゥ゠ロワール地方の小さな町のピティヴィエは、古代ローマ人がフランスを支配していたガロ゠ロマン時代から存在する歴史ある町である。この地は交通の要衝として栄えた穀物の貯蔵地であり、またローマ人によってアーモンドが伝わったといわれる。

　そのアーモンドをたっぷり使ったお菓子が、この町の名前と同じピティヴィエだ。現在ピティヴィエというと、パイ生地とアーモンドクリームで作る「ピティヴィエ・フィユテ」と、糖衣がけをしたアーモンドケーキに、フルーツの砂糖漬けを飾った「ピティヴィエ・フォンダン」（P94）の2種類が知られている。

　ピティヴィエ・フィユテは、円形または花びらの形の折りパイ生地に、アーモンドクリームを入れて焼いたお菓子である。公現祭に食べるお菓子のガレット・デ・ロワ（P118）と同じように作られる。違いといえばピティヴィエ・フィユテにはフェーブ（陶器の小さな人形）を入れないこと、そして通年食べられること。またあえていうなら、一般的にはピティヴィエは厚く、ガレット・デ・ロワは薄く作るといわれる。現地のパティスリーでその違いを聞いたら、「同じものよ。でもガレット・デ・ロワの方が、アーモンドクリームを多めに入れるわ」とのこと。

　現在の形に近いピティヴィエ・フィユテが確認されているのは18世紀になってからだが、発祥にまつわる興味深いエピソードがある。16世紀のこと、フランスの王シャルル9世がピティヴィエの近くの森でユグノー派の強盗団に捕えられた。強盗団は捕虜が王だと気付くと、あるパテを王に渡した。そのパテが非常に美味しかったので、釈放された王は彼らに恩赦を与え、これを作ったピティヴィエの菓子職人に王家御用達の特権を与えた。そのためこの職人は自分の作るパテに、シャルル9世の馬車の車輪を真似た筋を付けた。これがピティヴィエ・フィユテの起源だという。［菓子製作＝アルカション］

ピティヴィエの町には、様々なパティスリーでピティヴィエ・フィユテが売られていた。

Données
- C 焼き菓子
- O 外国の影響を受けたもの、歴史から生まれたもの
- P パータ・フィユテ
- S クレーム・ダマンド
- M バター、卵、砂糖、アーモンド、小麦粉、塩

ピティヴィエ・フォンダン
Pithiviers Fondant

歴史の古いもうひとつのピティヴィエ

　ピティヴィエの町で生まれたもうひとつのピティヴィエ、ピティビエ・フォンダンも、この町の伝統的なお菓子である。ピティヴィエ・フィユテ（P93）でも触れたように、この町はローマ人によりアーモンドが伝わったといわれる。このお菓子は、そのアーモンドパウダーをふんだんに使用した濃厚な生地に、糖衣（フォンダン）をかけたものである。鮮やかなドレンチェリーやフルーツの砂糖漬け、ナッツなどを飾って仕上げる。アーモンドの風味とフォンダンの甘さをストレートに味わえる贅沢なお菓子だ。別名、「ピティヴィエ・グラッセ」とも呼ばれる。

　ピティヴィエというと、現在ではピティヴィエ・フィユテの方が有名だが、ピティビエ・フォンダンの方が歴史は古く、7世紀ごろから作られていたようだ。元々はガレットのような小麦粉や卵を使った発酵しない平べったいお菓子だったようだが、バターが家庭に普及した 16 世紀ごろから現在の形に変化したといわれている。［菓子製作＝下園昌江］

お店によって異なる個性溢れるデコレーションが楽しい。

Données

- **C** 焼き菓子
- **O** 地方産物を活かしたもの
- **S** フォンダン
- **M** バター、卵、砂糖、アーモンド、小麦粉、ドレンチェリー、フルーツの砂糖漬けなど

モンタルジーのプラリーヌ
Praline de Montargis

カリッと香ばしい公爵ゆかりの銘菓

　ローストしたアーモンドに、キャラメリゼした砂糖をコーティングした、サントル＝ヴァル＝ドゥ＝ロワール地方のモンタルジーの銘菓。

　17世紀に、プラズリン（またはプララン）公爵に仕えたクレマン・ジャリュゾという料理人が考案した。彼がヌガーを作っていたときに、鍋底にはり付いたヌガーにアーモンドを転がしたとか、彼がボルドーに赴いたときに、厨房で子どもたちがアーモンドに砂糖をふりかけて焼いていたのをヒントにしたなど、諸説ある。いずれにしても、その味は瞬く間に多くの人を魅了し、公爵の名をとり、プラリーヌ（プラランの女性形）と呼ばれるようになった。その後、クレマンはモンタルジーにプラリーヌ専門店を構えた。その秘伝のレシピと技は、1903年に創業したMAZET（マゼ）社に継承されている。パッケージには、モンタルジーのミラボー広場とマゼの本店が描かれている。［菓子協力＝片岡物産（MAZET）］

1. ネオゴシックの装飾が美しいマゼの本店。2. アーモンドに糖液をコーティングしていく。

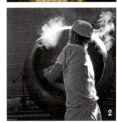

Données

C コンフィズリー
M 砂糖、アーモンド

ヌガー・ドゥ・トゥール
Nougat de Tours

伝統を蘇らせたトゥールの名物菓子

　最も美しいフランス語を話す町といわれる、サントル゠ヴァル゠ドゥ゠ロワール地方のトゥールの名物菓子。タルト生地にアプリコットジャムを塗り、フルーツの砂糖漬けを散らす。その上にメレンゲとアーモンドで作った生地を絞り、表面に粉糖をふって焼いたタルトである。15世紀トゥーレーヌ（トゥールを中心地とするフランスのかつての州）で生まれたお菓子だ。

　このレシピが最初に発見されたのは、1865年に出版されたモナコ大公のシャルル3世の料理人の本だったといわれる。しばらく忘れ去られていたお菓子だったが、1970年にトゥーレーヌのパティシエによって作られるようになった。1988年にはこのお菓子を普及する組合も設けられ、年に1度コンクールを行い、その技術を競い合っている。今日ではこの町の多くのパティスリーで出会うことができる。店によって、具材や生地は異なる。ただトゥールで作られるものは、「veritable（正真正銘の）」と付けられ、ほかの町のものと区別される。［菓子製作＝ブロンディール］

1. "正真正銘の" ヌガー・ドゥ・トゥール。 2. ミニサイズ。

Données

- **C** 焼き菓子
- **O** 地方物産を活かしたもの
- **P** パート・シュクレ
- **S** マカロナード生地
- **M** バター、卵、砂糖、アーモンド、小麦粉、アプリコットジャム、フルーツの砂糖漬け

クレメ・ダンジュー
Crémet d'Anjou

軽やかな生クリームと赤いソースの誘惑

旧アンジュー地方の都市、アンジェとソーミュールの名物菓子。元々は「fromage de crème」と呼ばれ、1702年に存在が確認されている。しかし姿を消し、再度登場するのは1890年のこと。あるお屋敷でデザートが足りないことに気付いた料理人のマリー・ルネオムは、生クリームにメレンゲを加えたものをワイングラスに入れ、仕上げに生クリームとバニラシュガーをかけたデザートを作った。その後彼女はアンジェで食料品店を開き、生クリームと卵白で作る「クレメ」を販売し、人気を集めた。クレメとは、クリームから派生した言葉だといわれる。

今日では生クリーム、フロマージュ・ブラン、砂糖を混ぜたものに、メレンゲを加えることが多い。それをガーゼに包み、水切り穴付きの陶器の型に入れて冷やし固める。酸味の効いたベリー系のソースとの相性が抜群である。パティスリーよりもチーズ専門店やレストランで食べられる。アンジェ出身で美食家のキュルノンスキーはこのお菓子を「神々のごちそう」と称えた。［菓子製作＝パティシエ・シマ］

アンジェのビストロのデザートで出てきたクレメ・ダンジュー。赤いベリーソースがたっぷり。

Données

- Ⓒ デザート
- Ⓢ ソース・オ・フリュイ
- Ⓜ 卵白、砂糖、生クリーム、フロマージュ・ブラン

ガレット・ナンテーズ
Galette Nantaise

ビスケットの町で生まれた香ばしいクッキー

　バターとアーモンドの風味豊かな、香ばしいクッキー。ロワール川が大西洋へとそそぐ手前に位置する、ナントの伝統菓子である。ナントはフランス西部にある都市で、1941年まではブルターニュ地方に属していた。10世紀にブルターニュ公国の首都として宮廷文化が花開き、中心地として発展をしてきた。16世紀にフランスに併合されてからも、砂糖や香料などを輸入する貿易港として栄えた。またフランスの国民的なビスケットメーカー「LU（Lefèvre-Utile）」社と「BN（Biscuiterie Nantaise）」社発祥の地で、ビスケットの町としても知られる。

　ブルターニュは良質のバターの産地である。ガレット・ナンテは、そのバターに、砂糖、小麦粉、アーモンドパウダー、卵を加えた生地を菊形または丸形に抜き、卵液を塗り、表面に格子模様を付けたもの。素朴な味わいで、ブルターニュ地方のガレット・ブルトンヌ（P77）と、形や格子模様などの共通部分も多い。［菓子製作＝パッション ドゥ ローズ］

1. LU社のビスケット。2. アールヌーヴォー様式が印象的なLU社の工場跡地。現在は商業施設として利用されている。

Données
- **C** 焼き菓子
- **O** 地方産物を活かしたもの
- **P** パート・サブレ
- **M** バター、卵、砂糖、アーモンド、小麦粉

ガトー・ナンテ
Gâteau Nantais

貿易で栄えた港町で親しまれているお菓子

　上面を糖衣で覆った、ラム酒の香るしっとりとしたアーモンドケーキ。ナンテは都市名ナントの形容詞、ガトーはケーキの総称で、ガトー・ナンテは「ナントのケーキ」という意味である。

　ナントは、18世紀にヨーロッパ、アメリカ大陸や西インド諸島、アフリカ大陸間で行われた「三角貿易」で栄えた都市である。大西洋にそそぐロワール川の河口近くの好立地な条件を活かし、当時は「西のヴェネチア」呼ばれるほど繁栄していた。それによりナントには、アンティル諸島からサトウキビで作られた砂糖やラム酒、バニラが運ばれてきていた。それらをふんだんに使ったのが、ガトー・ナンテである。

　このお菓子は1820年にナントのフアス（ロワール一帯で食べられていたパン）職人によって考案され、客人をもてなすお菓子として喜ばれた。その後しばらく忘れられていたが、ビスケットメーカー「LU」社が1910〜1972年に販売したことで広く浸透した。現在では伝統的なナントのお菓子として親しまれている。［菓子製作＝下園昌江］

1. ナントのマルシェで売られていた農家で作られたガトー・ナンテ。2. 貿易で栄えたナント港。

Données

- **C** 焼き菓子
- **O** 外国の影響を受けたもの
- **S** 糖衣
- **M** 卵、砂糖、アーモンド、小麦粉、ラム酒

6

Bourgogne
Rhône-Alpes
Franche-Comté
Champagne-Ardenne

ブルゴーニュ地方
ローヌ＝アルプ地方
フランシュ＝コンテ地方
シャンパーニュ＝アルデンヌ地方

地域の特徴

ブルゴーニュ地方は、パリの南東に広がる穏やかな丘陵地帯で、雄大な自然に囲まれた地域である。ローマ時代から交易の中心地として繁栄した。ブルゴーニュ公の領土であり、14〜15世紀にはディジョンを首都として、現在のベルギー、オランダを傘下に治め、フランス王家を凌ぐ権勢をふるっていた。

ローヌ＝アルプ地方はフランス南東部に位置し、ヨーロッパアルプスの最高峰であるモン・ブランやレマン湖など、美しく雄大な自然に恵まれている。

フランシュ＝コンテ地方はスイスと国境を接し、ジュラ山脈に沿って、その麓に延びる。豊かな森林に覆われており、美しい自然景観が広がる。

シャンパーニュ＝アルデンヌ地方は、イル＝ドゥ＝フランスの東に位置する、セーヌ川が流れる地域。アルデンヌ山塊でベルギーと国境を接する。

食文化の特徴

ブルゴーニュ地方といえば、ワイン。かつてはブルゴーニュ公国の首都だったディジョンの南の地域はコート・ドールと呼ばれ、高品質のワインを生産している。またエスカルゴ、シャロレ牛、パン・デピスなども広く知られている。

ローヌ＝アルプ地方はフランス第2の都市のリヨンを有し、ミシュランの星付きレストランの数がフランスで2番目に多く、美食の町として知られる。上質なワインの産地のコート・デュ・ローヌもこの地域だ。ソーヌ川対岸には養鶏が盛んなブレス地方が広がる。お菓子では、個性的な赤いプラリーヌを使ったものやクッサン・ドゥ・リヨンが有名。

フランシュ＝コンテ地方は、黄ワインや藁ワインという特徴的なワインとコンテチーズに代表される数々のチーズの名産地として知られる。

シャンパーニュ＝アルデンヌ地方は17世紀の修道士が考案したシャンパーニュの産地で、ワインやシャンパンにちなんだ料理やお菓子がある。

ディジョンのパン・デピス
Pain d'Épices de Dijon

中国が起源といわれるスパイス菓子

　このお菓子の起源は10世紀頃に中国で作られていた、小麦粉とハチミツを使ったお菓子「ミ・コン」だといわれる。13世紀にモンゴルのチンギス・ハンが、戦時中の食料にしていたという話もある。それがアラブに伝わり、11世紀に十字軍によってヨーロッパにもたらされた。そのときに、スパイスが加わったと考えられている。1369年にフランドル地方のマルグリット王女がブルゴーニュ公国のフィリップ3世に嫁いだことで、ブルゴーニュ地方のディジョンでも作られるようになった。

　パン・デピスを直訳すると、スパイスのパンという意味だ。その名のとおり、シナモン、クローヴ、ジンジャー、アニス、ナツメグなど様々なスパイスを使用した焼き菓子である。ときにオレンジやレモンの皮の砂糖漬けを細かく刻んで加えることもある。基本的には小麦粉で作るが、かつてはライ麦粉も使われていたため、今でもフランドル風としてライ麦粉を加えることがある。多くはパウンド型だが、ノネットと呼ばれる小さな丸形や薄いクッキー状、棒状のものもある。

　ディジョン以外にも、フランス各地にパン・デピスは広がりを見せている。ドイツのレープクーヘンの流れを汲むアルザスのパン・デピス（P57）や、ヴォージュ産もみの木のハチミツを使用したロレーヌ地方ルミルモンのノネット、ピティヴィエのパン・デピスなどがある。またシャンパーニュ地方のランスでは、1596年にはフランス国王アンリ4世に公認されたパン・デピスの同業組合が存在した。現在ではフランス全土で親しまれているお菓子のひとつだ。［菓子製作＝ブロンディール］

1. 修道女という意味のノネット。なかにジャムを入れることも。マーマレードが定番。2. 大きくカットされたパン・デピス。3. 1796年創業のパン・デピス専門店「ミュロ・エ・プティジャン」。4. お店で売られているパン・デピス用のギフト缶。

Données

- Ⓒ 焼き菓子
- Ⓞ 外国の影響を受けたもの
- Ⓢ グラサージュ
- Ⓜ 卵、ハチミツ、砂糖、小麦粉、ライ麦粉、牛乳、スパイス、膨張剤

アニス・ドゥ・フラヴィニー
Anis de Flavigny

Bourgogne

白くて丸い真珠のような美しいキャンディー

　ブルゴーニュのフラヴィニー＝シュル＝オズラン。ここは、「フランスの最も美しい村」のひとつともいわれ、アニス（西洋茴香）の香りに包まれた場所である。アニスはセリ科の植物で、古くから香料や薬草として使われてきた。紀元前52年ごろ、この地に兵士たちが治療のために、その種を持ち込んだといわれる。中世になって砂糖が登場し、アニスの種を糖衣で覆った小さなキャンディー、アニス・ドゥ・フラヴィニーが考案された。大きな鍋にアニスの種と天然香料入り砂糖液を入れて回転させ、これを15日間繰り返すことで美しい球体になる。その見事な出来栄えから、ルイ14世にも愛されたといわれる。

　1591年の記録では、この村にあるベネディクト会修道院でも作られていたと残っている。その後フランス革命により修道院の大部分が破壊され修道士たちも追い出されてしまう。しかし建物の一部で変わることなく製造され、現在もかつての修道院で伝統的な製法によって作り続けられている。［菓子製作＝アニス・ドゥ・フラヴィニー］

©Marc Trouba

©AnisdeFlavigny

1. キャンディーの主役、アニス。2. 1930年代の工房の様子。職人たちの手によって作られてきた。

Données
- **C** コンフィズリー
- **O** 修道院で生まれたもの
- **M** 砂糖、アニス、天然香料

クロケ・オ・ザマンド
Croquet aux Amandes

アーモンドがアクセントのカリカリ食感

「アーモンドのクロケ」という名のお菓子。クロケはフランス語で「カリカリとした」という意味を持つ。パン・デピス (P103) から派生したともいわれ、ブルゴーニュのほかにも、リヨンやボルドーなど各地で作られ、その土地によって形や味はそれぞれ異なる。見た目はイタリアの郷土菓子のビスコッティに似ている。ビスコッティは2度焼いたという名前の通り非常にかたいが、クロケ・オ・ザマンドは1度しか焼かないため、それほどではない。

　ブルゴーニュ地方のドンジー村に、アーモンド入りのこのお菓子のレシピが残されている。この村のものは、「クロケ・ドゥ・ドンジー」と呼ばれていて、オリジナルのレシピは19世紀はじめに町のパティシエ、ボナン・ディオンによって作られその後商標登録されている。彼のレシピによるクロケは、現在では村のレストラン「グラン・モナルク」で提供されている。クロケ・ドゥ・ドンジーは村の銘菓として知られていて、お店によって様々な味やかたさのものがある。［菓子製作 = 下園昌江］

クロケは成形して、アイスボックスクッキーのように作ることもある。

Données

C 焼き菓子
O 地方産物を活かしたもの
M 卵、砂糖、アーモンド、小麦粉

ガレット・ペルージェンヌ
Galette Pérougienne

素朴な発酵菓子が村の復興に一役かった

　ペルージュは、リヨン郊外の小高い丘の上にある城壁で囲まれた村で、「フランスの最も美しい村」のひとつに指定されている。古代ローマ時代にイタリアのペルージャから移り住んだ人々が築いたことから、この名が付けられた。中世には絹織物産業で栄えるが、19世紀に入り産業革命でリヨンが栄える一方、ペルージュは衰退し、人口が激減。一時は村の存続が危ぶまれたが、村の保護活動により石畳や城壁の修復活動が行われ、現在では中世の街並みを味わえる人気の観光地となっている。

　この村の名物がガレット・ペルージェンヌである。レモンの皮で香りを付けた発酵生地を、ピザのように薄く大きな円形にのばし、全体にバターを塗り砂糖をふって焼いたお菓子だ。

　これを1912年に作りはじめたのは、町の中心にあるオーベルジュ（宿泊施設を備えたレストラン）の「オステルリ・デュ・ヴュー・ペルージュ」のマダム、マリー＝ルイーズ・ティボーだ。素朴な美味しさで、今ではこのお菓子を目当てにする観光客がいるほどの人気だ。[菓子製作＝ヴィロン]

1. レストランでは発酵系のクリームを添えて食べる。 2. 生地を薄く平らにのばすのは職人の技。

Données
- **C** 発酵菓子
- **O** 地方産物を活かしたもの
- **P** パータ・ブリオッシュ
- **M** バター、卵、砂糖、小麦粉、牛乳、酵母、塩、レモンの皮

ガレット・ブレッサンヌ
Galette Bressane

フランスの乳製品の美味しさが詰まっている

　リヨンから北東方向に約70kmのところに位置するブレス地方は、アン県（ローヌ＝アルプ地方）、ソーヌ＝エ＝ロワール県（ブルゴーニュ地方）、ジュラ県（フランシュ＝コンテ地方）の3県にまたがる。料理の世界ではブレス鶏の美味しさが名高いが、気候が穏やかで酪農が盛んなことから、バターや生クリームなど良質な乳製品が作られている地域でもある。このお菓子は、その乳製品を活かした発酵菓子である。

　同じローヌ＝アルプ地方にあるペルージュのガレット・ペルージェンヌ（P106）や北フランスのタルト・オ・シュクル（P40）と似ていて、ブリオッシュ生地を大きく丸くそして薄くのばしたものがベースだ。そこに高脂肪のとろみがある生クリーム、もしくはクリームを乳酸発酵させたもの（クレーム・エペス）を全体に薄く塗り、砂糖をふりかけて焼く。焼き上がりはバターの香りとクリームのミルキーな甘さが合わさって、素朴で懐かしい味わい。フランスの乳製品の美味しさをストレートに実感できる地方菓子である。［菓子製作＝ヴィロン］

Rhône-Alpes

1. 直径30cmほどに大きく作り、カットして食べる。 2. ブレス地方の乳製品は品質が高く、無塩バターはA.O.P.に認定されている。

Données
- **C** 発酵菓子
- **O** 地方産物を活かしたもの
- **P** パータ・ブリオッシュ
- **M** バター、卵、砂糖、小麦粉、生クリーム、酵母

クッサン・ドゥ・リヨン
Coussin de Lyon

絹のクッションを模したマジパン菓子

　このお菓子が生まれた町、リヨンの歴史は紀元前に遡る。紀元前43年、古代ローマ人が現在のリヨンの元となる植民都市ルグドゥヌムを築いた。当時はフルヴィエールの丘周辺が中心地で、その時代に建設された円形劇場は、2000年以上の時を経て現在も遺跡として残っている。14世紀にフランス王国に併合され、15世紀にはイタリアとの貿易が盛んになり定期市が開かれた。その際イタリアから、絹織物の商人や職人がやってくるようになった。16世紀になり、フランソワ1世の政策によって、リヨンは絹織物の中心地となり栄えた。

　クッサン・ドゥ・リヨンはそんなリヨンらしい、絹のクッションを模った色鮮やかなお菓子である。オレンジのお酒で香り付けしたガナッシュと、細かく刻んだアーモンドを、着色したマジパンで包んでいる。ちなみに、お菓子が入る箱も、クッションの形をイメージしている。この箱をデザインした「ソワイユウ家」とショコラトリー「ヴォワザン家」が協力し、1960年に考案された。今ではリヨンの銘菓として親しまれている。

　なぜクッションの形なのかというと、それはリヨンで起きたある出来ごとに由来する。1643年、リヨンで疫病が流行した。そのため町の役人たちはフルヴィエールの丘に列を作ってのぼり、聖母マリアにこの疫病の蔓延から救ってくれたら、7リーブル（3.5kg）のろうそくと金貨1枚をのせた絹のクッションを持っていくことを誓った。以来リヨンの行政官たちはその誓いを引き継ぎ、毎年3発の大砲音とともにフルヴィエールに向かうのを恒例行事としている。その聖母マリアに捧げたクッションが、クッサン・ドゥ・リヨンのモデルとなっている。

1. フルヴィエールの丘にある古代ローマ時代の円形劇場。2. フルヴィエールの丘から眺めたリヨンの街並み。3. 絹のクッションをイメージしたギフト用ボックス。

Données

- **C** コンフィズリー
- **O** 歴史から生まれたもの
- **P** パート・ダマンド
- **G** ガナッシュ
- **M** 砂糖、アーモンド、チョコレート、オレンジキュラソー

ガレット・ドフィノワーズ
Galette Dauphinoise

名産のくるみを贅沢に使ったお菓子

　くるみの産地で有名なドフィーネ地方。主にイゼール県、ドローム県、サヴォワ県の3県で収穫されている。この地域のくるみは渋みが少なく、香ばしさと甘みがあるのが特徴。品種はフランケット、メイエット、パリジエンヌの3種類で、A.O.P.（P10）にも認定されている。A.O.Pの条件は3つ。サイズは28mm以上、上記3県で収穫されたもの、農園内の密集度や灌漑が規定条件を満たすもの。これを満たしたものだけが「グルノーブルのくるみ」を名乗れる。

　名産地ということもあり、この周辺ではくるみを使ったお菓子が多い。ガレット・ドフィノワーズもそのひとつ。タルトのなかにキャラメルとたっぷりのくるみを詰めて焼く。タルトの香ばしさとキャラメルのほろ苦くねっとりした食感にくるみのコクと香ばしさが合わさった贅沢な味わいだ。ほかにも、サブレやマジパン菓子、パウンドケーキなど様々なお菓子にくるみが使われている。［菓子製作＝パティスリー ロタンティック］

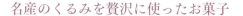

1. マルシェでは殻付きのくるみが売られている。 2. くるみを使った焼き菓子ガトー・ノワ。

Données

- **C** 焼き菓子
- **O** 地方産物を活かしたもの
- **P** パート・シュクレ
- **M** バター、卵、砂糖、ハチミツ、小麦粉、生クリーム、くるみ

タルト・オ・プラリーヌ・ルージュ
Tarte aux Pralines Rouges

その赤さに驚くプラリーヌのタルト

　リヨンの街を歩くと、パティスリーに並ぶ鮮やかな赤いタルトに驚くだろう。これはリヨン名物の、赤いプラリーヌの「プラリーヌ・ルージュ」が主役のタルトだ。キャラメリゼしたプラリーヌ（P95）は17世紀に考案されたといわれるが、プラリーヌ・ルージュやこのお菓子は誰がいつ作り出したのか不明である。赤いプラリーヌを使った発酵菓子のブリオッシュ・ドゥ・サン＝ジュニ（P112）は1880年には存在していたので、そのあたりだろうか。

　作り方はシンプルだ。サブレ生地をタルト型に敷き、空焼きする。そして、粗く刻んだプラリーヌ・ルージュ、生クリームなどを鍋に入れて加熱し、とろみを付けたものをタルト生地に流す。それをオーブンで焼き、さらにフィリングを煮詰めるのだ。

　焼き上がりのあまりの赤さに最初は食べるのを戸惑うが、アーモンド入りのやわらかいキャラメルのようなフィリングとサブレのサクサク感が合わさった美味しさは、飽きがこない。今日もリヨンの人々に愛されている。［菓子製作＝パティスリー・パクタージュ］

赤いプラリーヌを刻んで入れたフィリングを煮詰めることで、色も味も凝縮される。

Données

- **C** 焼き菓子
- **P** パート・シュクレまたはパート・サブレ
- **M** バター、卵、砂糖、小麦粉、生クリーム、プラリーヌ・ルージュ

ブリオッシュ・ドゥ・サン゠ジュニ
Brioche de Saint-Genix

シチリアの女性聖人の乳房をかたどったお菓子

　このお菓子は、シチリア島の聖女アガタの伝説に由来する。はるか昔3世紀のこと、非常に美しかったアガタは、シチリアの総督クインティアヌスに求婚される。アガタはそれを拒否したため怒りをかい、彼女は乳房を切り落とされてしまう。しかし翌日には聖ペトロによって、その乳房は奇跡的に再生した。1713年サヴォワ公がシチリアも治めることになったのをきっかけに、2月5日の聖アガタの日に、女性たちはこの伝説を基に胸をかたどったお菓子を作るようになった。

　赤いプラリーヌをトッピングしたブリオッシュは、1860年頃にサヴォワ県のサン゠ジュニ゠シュル゠ギエールでホテルを経営する夫妻によって作られた。1880年には夫婦の息子が生地のなかにもプラリーヌを入れることを考察し、その美味しさでさらに人気を集めた。現在このホテルはないがパティスリーで「ガトー・ラビュリー」の名で作られており、商標登録をしている。ただその美味しさと華やかさから、似たお菓子を作るお店は多い。［菓子製作＝パティスリー・パクタージュ］

「パティスリー ガトー・ラビュリー」では現在もガトー・ラビュリーが看板商品である。

Données

- **C** 発酵菓子
- **O** 伝説から生まれたもの
- **P** パータ・ブリオッシュ
- **S** プラリネ・ルージュ
- **M** バター、卵、砂糖、アーモンド、小麦粉、プラリーヌ・ルージュ、酵母

スイス・ドゥ・ヴァランス
Suisse de Valence

スイスの傭兵をモデルにした人形サブレ

　リヨンの南方に位置するヴァランスに伝わる、一度見たら忘れられない人の形のこのお菓子は、ローマ教皇ピウス6世のお付きのスイス傭兵をモデルにしている。ピウス6世は、フランス革命とそれに続く教皇領占領によりフランス軍に囚われの身になり、1799年ヴァランスで失意のなか亡くなった。当時のスイス傭兵の服をデザインしていたのは、あのミケランジェロだったとか。

　あるパン職人のアイデアで、そのスイス傭兵の服装を思い起こさせるようなオレンジの皮の砂糖漬け入りのサブレが誕生した。以前は復活祭の直前の日曜日「枝の主日」に食べられていたが、現在では一年中見かける。

　またヴァランスには、「ポーニュ」という伝統的なパンがある。大きなリング状のブリオッシュで、オレンジの花の水が香る。中世から作られていて、当時は主婦が集まり、共同オーブンで焼いて食べられていたという。今では年中食べられているが、昔は復活祭に食べていたそうだ。［菓子製作＝ピュイサンス］

スイス傭兵の服をイメージして飾り付けるため、パティスリーによりデザインは異なる。

Données
- **C** 焼き菓子
- **O** 歴史から生まれたもの
- **P** パート・サブレ
- **M** バター、卵、砂糖、小麦粉、オレンジの皮の砂糖漬け

モンテリマールのヌガー
Nougat de Montélimar

地中海一帯で広まったナッツの定番菓子

　ヌガーの起源は古代の中近東にあり、くるみや松の実などをハチミツと合わせたものだったとか。その後ヨーロッパ、アフリカ北部、中近東の地中海に面する地域に広がり、形状や名前を変えてその国のお菓子として定着した。フランスではプロヴァンス地方に広まり、ラテン語でくるみのお菓子を意味する「nux gatum」、オック語（南仏一帯で話されていた言葉）では「nogao」と呼ばれていた。

　モンテリマールでは1701年にその存在が確認されている。17世紀に農学者のオリヴィエ・ドゥ・セールがこの地でアーモンドの栽培を推奨し、ヌガーにも使われるようになった。この町のヌガーは、卵白に砂糖とハチミツを加えて泡立てるため、白いのが特徴だ。また、「モンテリマールのヌガー」を名乗るには規定があり、ナッツが30％以上（アーモンド28％＋ピスタチオ2％、またはアーモンド30％）と、ハチミツが25％以上入っていなければならない。プロヴァンス地方のトレーズ・デセール（P119）のひとつでもある。［菓子製作＝ブロンディール］

1. ヌガー材料。工場では粉末の卵白を使っているそうだ。
2. ダイス状のものが多いが、切り分けられる長いものもある。

Données
- **C** コンフィズリー
- **O** 地方の産物を活かしたもの
- **M** 卵白、砂糖、ハチミツ、アーモンド、ピスタチオ

ガトー・ドゥ・サヴォワ
Gâteau de Savoie

神聖ローマ帝国の皇帝を喜ばせた歴史を持つ

「ビスキュイ・ドゥ・サヴォワ」とも呼ばれる、サヴォワ地方発祥のお菓子。卵黄と卵白を別立てにしたビスキュイ生地で、油脂が入らず、メレンゲでふんわり軽く仕上げている。

　誕生の経緯には諸説ある。有名なエピソードは、14世紀後半のシャンベリー城での出来ごとである。美食家の伯爵アメデ6世が、神聖ローマ帝国の皇帝カール4世を晩餐に招くことになった。アメデ6世は自分を伯爵から公爵に格上げしてほしかったためあれこれと画策し、皇帝を喜ばせるために素晴らしい料理でもてなした。その際にデザートとして出されたのがガトー・ドゥ・サヴォワであった。その形はシャンベリー城を表すような雄大なもので、王冠をかぶせて提供された。皇帝はまるで羽のように軽いこのお菓子をたいそう気に入り、この地での滞在を延ばしたという。ただ残念ながらアメデ6世は公爵になることはできなかった……。この素晴らしいお菓子は、アメデ6世の料理長ピエール・ドゥ・イエンヌが考案したといわれている。［菓子製作＝下園昌江］

1. アヌシーのパティスリーでは、クグロフに似た型で焼いたものが並んでいた。2. 大きなブリオッシュ型で焼き、逆さまに仕上げることもある。

Données

- **C** 焼き菓子
- **O** 歴史から生まれたもの
- **P** パータ・ビスキュイ
- **M** 卵、砂糖、小麦粉

ペ゠ドゥ゠ノンヌ
Pet-de-Nonne

「尼さんのおなら」という強烈な名前を持つ

　シュー生地を油で揚げて、砂糖をまぶしたベニエの一種で、「尼さんのおなら」というインパクトのある名前を持つ。「スーピール・ドゥ・ノンヌ（尼さんのため息）」とも呼ばれる。

　誕生の経緯には諸説ある。まずは、フランシュ゠コンテ地方のボーム゠レ゠ダームの修道院で、修道女が誤ってシュー生地を熱い油に落としてしまったという説。また、トゥーレーヌ地方のマルムティエ大修道院で生まれたという面白い説もある。修道院に多くの人が訪ねてくるサン゠マルタンのお祝いの日、もてなしの準備で厨房は大忙しであった。厨房では、院長が生地をこね、隣では若い修道女アニエスが手伝いをしていた。そのときに彼女は大きな音のおならをしてしまい、恥ずかしさのあまり足がよろめき、手にしていた生地を鍋に落としてしまう。その生地がふっくらと膨らみ、とても美味しかったというものである。そのほかに、1770年にオルレアン家の料理長ティロロワが、シュー生地からベニエを作ることを考案したという説もある。［菓子製作＝下園昌江］

フランシュ゠コンテ地方は、コンテチーズの生産地としても知られる。この地方のジュラワインと相性も抜群。

Données

- **C** 揚げ菓子
- **O** 修道院で生まれたもの、ハプニングから生まれたもの
- **P** パータ・シュー
- **M** バター、卵、砂糖、小麦粉、牛乳、塩

ビスキュイ・ドゥ・ランス
Biscuit de Reims

シャンパンに浸して食す、ピンク色のビスケット

　シャンパーニュ地方の中心都市ランス発祥の、ピンク色の焼き菓子。この色から、「ビスキュイ・ロゼ」とも呼ばれる。

　ビスキュイは「2度焼く」を意味し、高温で焼き、温度を下げて乾燥させる。これにより軽くサクサクして、フィンガービスケットに似た食感になる。1690年頃、地元のパン職人がパンを焼いた余熱を利用して、ビスキュイを焼いていたという。元々は白い生地だった。それに香りを付けようとバニラビーンズを入れたのだが、黒い粒々が目立ち、あまり美しくなかった。そこで思い付いたのが、カーミン(赤色染料)で色を付け、バニラの粒を隠すこと。こうして現在のようなビスキュイが誕生した。この地方特産のシャンパンと一緒につまんだり、シャンパンに浸して食べるお菓子として人気だ。

　現在売られているものは、絞り出した形と浅い長方形の型で焼いたものが多い。ランスにある1845年創業の「Fossier(フォシェ)」社のものが多く出回っており、パリの大手スーパーでも買うことができる。[菓子製作＝グラッシェル]

1. ゴシック建築の傑作と称されるランスの大聖堂。2. シャンパーニュ地方に広がる美しいブドウ畑。

Données

- **C** 焼き菓子
- **P** パータ・ビスキュイ
- **M** 卵、砂糖、小麦粉、赤色染料

Colonne
フランスの行事とお菓子

フランスでは、キリスト教や季節の行事にお菓子は欠かせない。
家族や友人で集まってお祝いをして、その美味しさを分かち合う。
フランス全土で食べるお菓子もあるが、
地方独特の行事菓子があることも興味深い。

1/1 ヌーベル・アン (新年) *Nouvel An*

○ブレッツェル・ドゥ・ヌーベル・アン
Bretzel de Nouvel An

アルザスではブリオッシュ生地で作った大きなブレッツェルで新年の幸福を願う。ドイツで新年に食べるノイヤールス・ブレッツェルと同じものだと考えられる。また北フランスでは、小さなゴーフルを新年のあいさつとしてふるまう。

1/6 エピファニー (公現祭) *Épiphanie*

○ガレット・デ・ロワ
Galette des Rois

イエス・キリストの生誕を、東方から来た三博士が世に知らしめた日。神が公に現れたこの日をお祝いして、ガレット・デ・ロワを食べる。切り分けてフェーブが当たった人は一日王様になれる。パイ生地のほか、ブリオッシュ生地もある。

2/2 シャンドゥルール (聖母お清めの日) *Chandeleur*

○クレープ *Crêpe* ○ナヴェット *Navette*

キリスト誕生40日後に聖母マリアがお清めを受けた日に由来。フランスではクレープを焼いて食べる習慣がある。丸く黄金色のクレープは、春の到来と豊穣への願いが込められている。プロヴァンス地方のマルセイユではナヴェットを食べる。

2〜3月 カルナヴァル (謝肉祭) *Carnaval*

○ベニエ *Beignet* ○オレイエット *Oreillette* ○ビューニュ *Bugne*

復活祭前の40日にわたる準備期間「四旬節」では、日曜日以外は食事制限をしていたため、四旬節を迎える前の数日間は、肉や揚げ菓子をたっぷりと食べる習慣があった。その名残でベニエ、オレイエット、ヴィーニュなどの揚げ菓子を食べる。

3〜4月 パック（復活祭） Pâques

○ チョコレート Chocolat　○ アニョー・パスカル Agneau Pascal

春分後の最初の満月の次の日曜日に行われる。キリストの復活を祝う日で、キリスト教の行事のなかで非常に大切な日。フランス全土で、生命の誕生や繁栄を表す卵やウサギのチョコレートなどが並ぶ。アルザスではアニョー・パスカルが登場。

4/1 ポワソン・ダブリル（4月の魚） Poisson d'Avril

○ ポワソン・ダブリル Poisson d'Avril

エイプリルフールに当たるこの日は、魚の絵を人の背中に貼るいたずらや、魚形のお菓子を食べる。なぜ魚かは諸説あるが、ある説には魚はサバを指し、4月のサバは簡単に釣れるため、食べた人をからかったことに由来するという。

5〜6月 パントコート（聖霊降臨祭） Pentecôte

○ コロンビエ Colombier

復活祭の7週間後の日曜日。キリストが復活昇天後、弟子たちの元へキリストの聖霊が降臨したのを祝う日。マルセイユでは鳩の陶器または人形を飾ったコロンビエを食べる。陶器が当たった人は1年以内に結婚するという言い伝えも。

11/1 トゥーサン（諸聖人の日または万聖節） Toussaint

○ ニフレット Niflette

カトリックの聖人と殉教者を記念する日。パリ郊外のプロヴァンでは、小さなパイ菓子のニフレットを食べる。ちなみに翌日11月2日は死者に祈りを捧げる「死者の日」。トゥールーズではそのお祭りが6月に行われ、フェネトラを食べる。

12/6 サン=ニコラの日（聖人ニコラの日） Saint-Nicolas

○ マナラ Manala　○ パン・デピス Pain d'Épices

サンタクロースのモデルになった子どもの守護人のサン=ニコラの日。この日が近づくとアルザスではマナラやパン・デピスを、ベルギーや北フランスではスパイスクッキーのスペキュロスを食べる。

12/25 ノエル（クリスマス） Noël

○ ビュッシュ・ドゥ・ノエル Bûche de Noël

キリストの生誕を祝う日には家族で集まり食事をする。デザートの定番は薪の形のビュッシュ・ドゥ・ノエル。プロヴァンス地方ではトレーズ・デセールという13種類のお菓子を食べる。ポンプ・ア・リュイルなどが含まれる。

7

Aquitaine
Poitou-Charentes
Midi-Pyrénées
Limousin
Pays Basque

アキテーヌ地方
ポワトゥー＝シャラント地方
ミディ＝ピレネー地方
リムーザン地方
バスク地方

地域の特徴

アキテーヌ地方は、西は大西洋、南はピレネー山脈、東を中央山塊に囲まれている。世界最大の良質ワインの産地であるボルドーをはじめ、ペリゴールやガスコーニュを含む地域である。

ポワトゥー＝シャラント地方はフランス西部に位置し、ロワール川とジロンド川、大西洋に面した「緑のヴェネチア」と呼ばれる美しい沼沢地帯が広がる。

ミディ＝ピレネー地方は、リムーザン地方とピレネー山脈に挟まれた地域。5世紀にはトゥールーズを首都とする西ゴート王国が建国された歴史もある。

リムーザン地方は、フランスのほぼ中央に位置する起伏に富んだ高原地帯。ローマ時代から東西南北の交易路が交わる要衝として発展した。

バスク地方はフランスとスペインにまたがり、ピレネー山脈の両麓に位置する。独自の文化や伝統が多いことでも知られる。

食文化の特徴

アキテーヌ地方の中心は、中世からワインの生産と交易で栄えた港町のボルドー。内陸部のペリゴールは、フォアグラやトリュフのほかに、キノコや良質なくるみの産地としても名高い。

ポワトゥー＝シャラント地方は、山羊の飼育がフランス随一。牛の牧畜も盛んで、乳製品、特にバターは最高級の品質と称される。

ミディ＝ピレネー地方は、白いんげん豆を豚肉や羊肉、鴨のコンフィと煮込んだ郷土料理のカスレが有名。またフォアグラの生産が盛んである。郷土菓子はこの土地らしく、ピレネー山脈を彷彿とさせる迫力あるものだ。

リムーザン地方は牧畜が盛んで、高級な牛肉「リムーザン牛」で知られる。

バスク地方にはスペインの影響とみられる料理が多く、それらはバスク風と称される。お菓子は銘菓のガトー・バスクのほか、チョコレート菓子が多い。

カヌレ・ドゥ・ボルドー
Cannelé de Bordeaux

ワインの名産地で生まれた縦溝が特徴のお菓子

　日本で1990年代はじめに流行したカヌレは、フランス南西部のボルドーの伝統菓子である。縦に12本の溝の入った型を使うのが特徴。カヌレ（Cannelé）の名は、溝を付けるという意味の「canneler」が語源だといわれる。表面は焦げたような茶褐色で、カリッとしている。なかは卵色で、むっちりと弾力のある食感。ひと口ほおばると、ラム酒とバニラの香りが口いっぱいに広がる。

　発祥については諸説ある。よく知られているのは、ボルドーのアノンシアド修道院で18世紀以前に作っていたお菓子が原型という説。当時は棒に薄い生地を巻き付けてラードで揚げたもので、「Canelats」または「Canelets」と呼ばれていた。修道女たちはそれを販売して貧しい人々を助けたり、彼らにそれを施したりしていたそうだ。その後、フランス革命を境に姿を消し、再び現れるのは19世紀に入ってからのこと。現在のような型を使いはじめたのもそれ以降である。型にはかつて修道院でろうそく作りに使われていた蜜ろうを塗る。これにより焼成後に型から簡単に外れ、表面は艶を帯びてカリッと仕上がる。

　フランスでも有数のワインの生産地であるボルドーには、カヌレが生まれる環境が整っていたといえる。ワインを作る際に澱を除くため卵白を使用するが、余った卵黄をカヌレに使用したという話は有名だ。また港には貿易により遠くの島々からラム酒やバニラが運ばれてきていた。カヌレはまさにこれらの素材を使用している。

　1985年にカヌレ・ドゥ・ボルドー協会が設立され、伝統の製法を守り続け、カヌレの普及に努めている。この設立時に、カヌレ（Cannelé）の綴りにある1つの「n」を外し、「Canelé」というもうひとつの綴りが誕生した。［菓子製作＝アルカション］

1. ボルドーの老舗カヌレ専門店「ルモワン」。パリにもお店がある。2. ルモワンのカヌレ用の紙箱。3. ボルドーの町では、パティスリーやマルシェで様々な形のカヌレが売られていた。4. 最近はひと口でつまめるようなミニサイズのカヌレも登場している。

Données
- **C** 焼き菓子
- **O** 修道院から生まれたもの
- **M** バター、卵、砂糖、小麦粉、牛乳、ラム酒、バニラ

ダコワーズ
Dacquoise

日本で独自の進化をしたお菓子

　アーモンド風味のメレンゲ生地に、バタークリームを挟んで粉糖をふったケーキ。温泉保養地としても知られる、アキテーヌ地方のダックス発祥のお菓子だ。ダコワーズとは、ダックスに住む女性を意味する。ダックスの南東、ピレネー＝アトランティック県のポー周辺でも同じようなお菓子が見られ、そこでは「パロワ（Palois）」と呼ばれる。

　現地のものは、大きな円形に絞った生地に、プラリネ風味のバタークリームをサンドしている。この生地は、ホールケーキの底生地としても使われる。

　日本のパティスリーでよく見かける小ぶりなものは、福岡県のパティスリー「16区」のオーナーシェフ・三嶋隆夫氏が、パリのパティスリー「ARTHUR（アルトゥール）」のシェフを務めていた1979年に考案した。和菓子の最中をイメージしたそうで、名前は「ダックワーズ」と、元の発音とは少し変えている。［菓子製作＝下園昌江］

1. 現地では大きなケーキとして食べられている。2. 日本では小さなお菓子のダックワーズが定番。

Données

- Ⓖ 生菓子
- Ⓞ 地方産物を活かしたもの
- Ⓟ ビスキュイ・ダコワーズ
- Ⓢ クレーム・オ・ブール
- Ⓜ バター、卵、砂糖、アーモンド、小麦粉

プリュノー・フーレ
Pruneaux Fourrés

名産のプルーンの美味しさをこの一粒に凝縮

　プリュノーとは、干したプルーンを意味する。生のプルーンを太陽の下で干した後に乾燥させ、しっかりとした皮を作り出したものである。プルーンはアキテーヌ地方のロット＝エ＝ガロンヌ県の都市アジャン産が有名だ。この地では、はるか昔ガリア時代からローマ人によりプルーンが栽培されていた。12世紀に十字軍によりシリアから異なる品種のプルーンがもたらされ、従来のものに接ぎ木し、この地で新品種のプルーンが誕生した。そのプルーンは大粒で美しい紫色をしていて、繊細な風味と美味しさで、アジャンの特産物として知られている。

　干したプルーンは栄養価が高く日持ちするため、食物が少ない時期や遠出の際の食料として重宝された。プリュノー・フーレは、このプルーンを使ったアジャンの銘菓。干したプルーンの種と果肉を抜き、果肉はペースト状にする。それを砂糖、りんごのピューレ、アルマニャックなどと合わせ、元のプルーンに詰めたものである。プルーンの濃厚な味と芳醇な香りを楽しめる贅沢なお菓子である。［菓子製作＝下園昌江］

1. パリのデパートで売られていた缶入りのもの。2. アジャン産のプルーンは、その品質の良さから、製菓材料としても人気が高い。

Données
- **C** コンフィズリー
- **O** 地方産物を生かしたもの、外国の影響を受けたもの
- **M** 砂糖、プルーン、りんご、アルマニャック

くるみのタルト
Tarte aux Noix

ヨーロッパ1の生産を誇るくるみのタルト

　ヨーロッパでも一番のくるみの生産を誇るフランス。その2大産地が、ローヌ＝アルプ地方のグルノーブル（P110）とアキテーヌ地方のペリゴールで、どちらにもくるみを使った名物菓子がある。ペリゴールのくるみはA.O.P.（P10）に認定され、風味が良く甘みがあり、料理にもお菓子にも多用されている。アキテーヌ名物のくるみのタルトは、家庭でもパティスリーでも作られている定番のお菓子である。

　現地で伝統的に作られているレシピは、刻んだくるみとバター、卵、砂糖、生クリームなどを混ぜたアパレイユを、タルト生地に流して焼くものだ。各家庭の味があり、バリエーションも多いが、くるみと相性の良いチョコレートをかけて仕上げることもある。ホールでも1人分でも作られるが、小さなものは「タルトレット・オ・ノワ」と呼ばれる。

　また、くるみはお菓子以外にも存分に活用され、オイルやリキュール、ワインにしたり、殻は肥料にもされる。［菓子製作＝下園昌江］

1. くるみをたっぷり使用。
2. ペリゴールのパティスリーでは、プレーンとチョコレートがけがあった。

Données

- ⓒ 焼き菓子
- ⓞ 地方産物を活かしたもの
- ⓟ パート・ブリゼまたはパート・シュクレ
- ⓜ バター、卵、砂糖、小麦粉、生クリーム、くるみ

ミヤス
Millassou

Aquitaine

トウモロコシのお粥が起源といわれる焼き菓子

　ミヤスはフランス南西部で広く食べられているお菓子である。元々はトウモロコシの粉と水で作った粥状のものを、冷やして四角に切り、焼いたり揚げたりしたもので、ガチョウや豚の脂肪を合わせて塩味に調理したり、砂糖やハチミツをかけてお菓子としても食べられていた。身近にある素材で簡単にできたので、農家でよく作られていたようだ。フランス語でトウモロコシを意味する「maïs」や、トウモロコシが伝わる前にはきび（millet）を使用していたため、この名が付いたといわれる。地域によって名前や綴りは異なるようだ。

　現在の作り方は、牛乳、卵、砂糖を混ぜてから、小麦粉とトウモロコシの粉を加え、耐熱容器に流してオーブンで焼いて作るのが主流。オレンジの花の水やラム酒、アルマニャックで香り付けすることもある。焼き上がりはフランのような弾力があり、素朴な味わいである。

　ペリゴール地方には、ピューレ状のカボチャを加えた「ミヤス・ア・ラ・シトルイユ」というお菓子もある。［菓子製作＝下園昌江］

フランス南西部では鴨やガチョウの飼育が盛んで、その料理や加工品が多い。1. 鴨の油脂。2. ガチョウのパテ。

Données

- ⓒ 焼き菓子
- ⓞ 地方産物を活かしたもの
- Ⓜ バター、卵、砂糖、小麦粉、トウモロコシの粉、牛乳

トゥルトー・フロマジェ
Tourteau Fromagé

Poitou-Charentes

その黒さにびっくりする、しっとりチーズケーキ

　いくつかの都市がこのお菓子の発祥地だと主張しているが、ポワトゥー＝シャラント地方のドゥー＝セーヴル県にはこんな興味深い説がある。19世紀、この県の農場では各家庭からお菓子の型を持ち寄り、山羊乳のフレッシュチーズを使ったお菓子を焼いていた。ある日、そのチーズケーキをひとつだけオーブンに取り残してしまう。気付いたときには真っ黒に焦げて、大きく膨らんでいた。しかし食べてみると、内側はやわらかくしっとりとして美味しかったという。こうしてこのお菓子はこの地域の伝統的菓子になった。

　元々は酸味とほんのり癖のある香りの山羊乳の新鮮なチーズを使っていた。しかし最近では、入手しやすい牛乳から作られた癖のないチーズ「フロマージュ・ブラン」を使うことも多い。またなかにプルーンを入れることもある。パティスリーでなく、チーズ専門店やマルシェで売られていて、この地方のマルシェでは牛乳製と山羊乳製の２種類が並べて売られていた。［菓子製作＝ブロンディール］

1. 一見チーズケーキには見えない。2. ブルターニュ地方でも売られていた。

Données
- C 焼き菓子
- O 地方産物を活かしたもの、ハプニングから生まれたもの
- P パート・ブリゼ
- M バター、卵、砂糖、小麦粉、チーズ

ブロワイエ・デュ・ポワトゥー
Broyé du Poitou

家族団らんを表すクッキーは砕いて食べる

　ポワトゥー＝シャラント地方の名物菓子で、大判のガレット状クッキー。大きなものでは直径30cmほどもある。フランスで最高級の評価を得ているシャラント産バターを使うため、豊かな風味を感じることができる。同じ地域のニオール産のアンジェリカ（ハーブの一種）の砂糖漬けを入れることもある。

　「ブロワイエ（broyer）」は砕くという意味である。サクサクと砕けやすいので、皆で食べるときに食卓におき、お菓子の真ん中をこぶしで一突きして、小さく割れたものを食べる。人が集まるところにはブロワイエ・デュ・ポワトゥーがあり、このお菓子は家族団らんの象徴といわれる。シャラント県では「ガレット・シャランテーズ（シャラントのガレット）」とも呼ばれる。

　元々はこの地域のある農家で作られていたが、家庭のオーブンでは焼けなくなり、近所のブーランジュリーに持ち込み、焼いてもらったのがはじまりとか。それがブーランジュリーで売られるようになり、各地に広まったといわれる。［菓子製作＝エーケーラボ］

1. こぶしで砕いて、皆で分け合いながら食べる。2. 現地で見つけた、直径30cmほどのビッグサイズ。

Données
- C 焼き菓子
- O 地方産物を活かしたもの
- P パート・サブレ
- M バター、卵、砂糖、小麦粉、塩

Midi-Pyrénées 130

ガトー・ア・ラ・ブロッシュ
Gâteau à la Broche

バウムクーヘンの原型といわれる木のようなお菓子

　フランス南西部ピレネー地方特産の、ツリーのように先の細い円錐形のお菓子。バター、卵、砂糖、小麦粉を用いてパウンドケーキのような配合の生地で作る。その姿から想像できるように、バウムクーヘンの原型のひとつとして考えられている。ブロッシュとは串刺しを意味し、串刺しにして焼くことからこう呼ばれる。暖炉に円錐形の型の棒をかざし、そこに少しずつ生地をかけながら棒を回して焼いていく。出来上がりは、長さ30〜60cmほどの大きさで、凸凹としている。年輪のようにいくつもの層が重なり、外側は焦げ目が香ばしくカリッとし、内側はしっとりとしていて、1ヶ月ほど保存もできる。

　由来や誕生については、ピレネーの山奥の羊飼いの家に住みついたオーストリア女性が、ジャガイモのピューレでこのお菓子の原型を作ったとか、ナポレオンがバルカン半島から持ち帰ったとか、ピレネーのナポレオン部隊が18世紀に東欧の国から作り方を学んだなど諸説ある。

　この地方では、結婚式などのお祝いの際に食べられる。工場製のものはパリのデパートでも売られているが、手作りのものは今ではほとんど売られておらず、それぞれの家庭で代々作り方が受け継がれている。ようやく見かけたのは、ピレネーの山奥のリュズ＝サン＝ソヴァールのシア村。この工房では、暖炉の火を使った伝統的な製法でこのお菓子を作り続けていた。

［菓子製作＝トゥジュール］

1. リュズ＝サン＝ソヴァールのシア村の工房では1982年から作られている。2. 昔ながらの製法にならい、暖炉で焼いている。3. バームクーヘンよりも凸凹とした焼き上がり。4. 焼成後、半分にカットして円錐形で売られていた。

Données

- C 焼き菓子
- O 外国の影響を受けたもの
- P パータ・ケーク
- M バター、卵、砂糖、小麦粉

トゥルト・デ・ピレネー
Tourte des Pyrénées

ピレネーの山を連想させる素朴な焼き菓子

　ミディ＝ピレネー地方に伝わる、ブリオッシュ型で焼いたバターケーキ。スペインとの国境にまたがるピレネー山脈をのぞむ地域では、お菓子の名前に「ピレネー」と付けることが多い。「トゥルト」はラテン語で丸いパンという意味に由来する。トゥルト・デ・ピレネーというと、この大きなブリオッシュ形の焼き菓子を指すと同時に、料理ではパイ生地でおおったパイのこともいう。現地での印象としては、この辺りを厳密に区別していないようである。

　バター、卵、砂糖、小麦粉を同量ずつ使用したパウンドケーキの生地に、スターアニス、リコリス、フェンネルを原料とした独特な風味のリキュールのパスティスで香りを付ける。パスティスは、フランス南部から西南部にかけての名産で、食前酒として楽しむほか、料理やお菓子にも古くから使われてきた。

　別名として「パスティス・デ・ピレネー」とも呼ばれる。〔菓子製作＝下園昌江〕

1. スーパーにも並ぶ身近なお菓子である。 2. まるで雪のように粉糖がたっぷりかかっている。

Données
- C 焼き菓子
- O 地方産物を活かしたもの
- P パータ・ケーク
- M バター、卵、砂糖、小麦粉、パスティス

クルスタッド・オ・ポム
Croustade aux Pommes

崩れそうな生地とジューシーなりんごの出会い

　紙のように極薄の生地（パータ・フィロ）に、りんごを包んで丸く焼いたミディ＝ピレネー地方の名物菓子。香り付けには、この地方名産のアルマニャックを使い、アーモンドクリームを入れる場合もある。ジエール県オーシュが発祥といわれている。「クルスタッド」とは元々、パイ生地に詰め物をした料理を指す。プロヴァンス語「crousto（殻、皮）」から派生した語「croustado」が語源。西南部のかなり広い地域でこのお菓子を見かけ、「パスティス（pastis）」「トゥルティエール（tourtière）」とも呼ばれている。

　粉と水に少量のオイルなどを混ぜた生地を、両手をうまく使ってテーブルいっぱいにのばしていくのだが、これぞまさに熟練の技。女性が作るのが伝統で、当初はバターの代わりにガチョウの脂を使っていたそう。ウィーンには同じような生地でりんごを包んだ、アプフェルシュトゥルーデルがある。［菓子製作＝エーケーラボ］

1. パリパリした生地と酸味のあるりんごの相性が良い。
2. 大きなサイズのものも見かけた。

Données
- **C** 焼き菓子
- **O** 外国の影響を受けたもの
- **P** パータ・フィロ
- **M** バター、砂糖、小麦粉、りんご、アルマニャック、オイル

フェネトラ
Fénétra

「死者の日」に食べる焼き菓子

　赤褐色の煉瓦造りの建物が並ぶ光景から「バラ色の町」と呼ばれるトゥールーズ発祥のお菓子。起源は古く、古代ローマ人がフランスを支配していた時代に行われていた死者の祭りにある。当初は巨大墓地へと行列を作って歩いていたが、16世紀になると巡礼者に花やドライフルーツを渡すようになり、17世紀には説教やドライフルーツの販売が行われ、次第に形を変えて世俗的なお祭りとなった。カトリックでは死者の日は11月2日だが、この町では毎年6月最後の週末に開催される独自の行事になっている。この時期に食べるのがフェネトラである。タルト生地にレモンの皮の砂糖漬けを敷き、メレンゲにアーモンドパウダーを加えた生地を詰めて焼いたお菓子である。

　戦時中に消滅しかけたが、1963年に祭りが再開されるとまた食べられるようになった。祭りの時期、家族で集まり食事をした後にこのお菓子を食べるそうだ。現在では通年販売しているお店もあり、「ガトー・ドゥ・トゥールーズ」や「ガトー・トゥールーザン」とも呼ばれる。［菓子製作＝ヴィロン］

1.バラ色の煉瓦の建物。2.大きなサイズのフェネトラ。

Données

- C 焼き菓子
- O 外国の影響、宗教行事
- P パート・サブレまたはパート・シュクレ
- S メレンゲ
- M バター、卵、砂糖、アーモンド、小麦粉、レモンの皮の砂糖漬け

すみれの花の砂糖漬け
Violette de Toulouse Cristallisée

トゥールーズのシンボル「すみれ」をお菓子に

　すみれは16世紀にイタリア人によってフランスにもたらされた。香水のほか、呼吸器疾患を治療するための塗り薬に混ぜて使用され、花びらにシロップやハチミツを付けて食べると体に良いと信じられていた。ミディ゠ピレネー地方の中心都市であるトゥールーズはすみれの栽培地として有名で、冬場にはすみれのブーケも並ぶ。市の紋章もすみれで、別名「すみれの市街」と呼ばれる。毎年2月になると、町の中心にある広場ではすみれ祭りが開催され、すみれのブーケやお菓子、グッズなどが並ぶ。

　そのトゥールーズの砂糖菓子職人が、すみれをシロップ漬けにして砂糖を結晶化させる、すみれの花の砂糖漬けを考案したといわれる。それ以来トゥールーズは、すみれの花の砂糖漬けの町として知られるようになった。表面はカリッとして、口のなかで溶けるときに、ほのかなすみれの香りを感じられるこのお菓子はそのままでも食べられている。ほかにもチョコレート菓子やケーキのデコレーションに使われる。

1. トゥールーズにはすみれグッズの専門店がある。2. お菓子の飾りに使うとエレガントな雰囲気が出る。

Données

- **C** コンフィズリー
- **O** 地方産物を活かしたもの
- **M** 砂糖、すみれ

クラフティ
Clafoutis

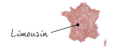

こだわりのダークチェリーを使うのがポイント

　リムーザン地方の家庭で古くから作られている、さくらんぼを入れた粥状のデザートで、19世紀にフランス全土に広まった。語源は、南仏一帯で使われていたオック語の「clafotís」。「釘で固定する」や「置く」を意味する古いフランス語「claufir」に由来する。釘とはさくらんぼの種のことで、一緒に焼くことからきているよう。卵、砂糖、小麦粉、牛乳でクレープのような生地を作り、陶器の型にさくらんぼを並べて生地を流し、オーブンで焼く。タルト生地を敷く場合もある。

　使用するさくらんぼは必ず、この地方のコレーズ県のダークチェリーである。種ごと入れるのが伝統的な作り方で、これにより独特の良い香りになる。りんごや洋梨など別の果物でも作られるが、それは「フロニャルド（flognarde）」という別の名で呼ばれる。

　現地では、マルシェやレストランのデザートで見かける。ただしさくらんぼの季節以外はないことも多く、季節限定のお楽しみである。［菓子製作＝下園昌江］

1. パイ生地で作ることも多い。 2. リモージュの国立博物館では、フランスを代表する陶磁器を展示している。

Données
- ⓒ デザート
- ⓞ 地方産物を活かしたもの
- ⓟ パート・フィユテまたはパート・ブリゼ
- ⓜ 卵、砂糖、小麦粉、牛乳、ダークチェリー

サン=ジャン=ドゥ=リュズのマカロン
Macaron de Saint-Jean-de-Luz

Pays basque

ルイ14世とスペイン王女に献上されたマカロン

　スペイン国境近くの港町サン=ジャン=ドゥ=リュズ。1660年この町の教会で、ルイ14世とスペインの王女マリー・テレーズが結婚式を挙げた。お祝いには多くのものが献上されたのだが、そのひとつに菓子職人のアダムが作ったマカロンがあった。国王、王太后、そして王妃はその美味しさにたいそう感激したという。婚礼が行われた年に創業したパティスリー「メゾン・アダム」では、300年以上たった現在もこの地に店を構え、このマカロンを販売している。

　このお菓子、正直見た目は美しいというものではなく、素朴な見た目で、まるで潰れたかのような見た目とザラッとした質感である。しかし一度食べると、その美味しさを忘れられなくなるほど。表面はかすかに乾いたようなさっくり感。そしてやわらかい食感のなかにアーモンドのふくよかな旨みを感じ、最後に心地よい香りが鼻を抜けていく。何度食べても飽きない味だ。その証拠に、店にはマカロンが何十枚も入った詰め合わせがずらっと並ぶ。［菓子製作＝リチュエル パー クリストフ・ヴァスール］

1.「メゾン・アダム」では箱詰めのマカロンがずらっと並ぶ。2.「メゾン・アダム」の外観。

Données

- **C** 焼き菓子
- **P** パータ・マカロン
- **M** 卵白、砂糖、アーモンド

ガトー・バスク
Gâteau Basque

生地とフィリングの絶妙なハーモニー

　バスク地方は現在フランスの行政区分でヌーヴェル・アキテーヌ地方に区分されているが、独自の文化や言語（バスク語）を持つ地域だ。フランスとスペインの国境をまたぎ、フランスに3県、スペインに4県で構成される。ガトー・バスクは、バスク語では「Biskotxak」、スペインバスクでは「パステル・バスコ」という名で呼ばれ、バスク各地に存在する。

　バスク地方を訪れた際、「こんなに売れるの？」というほど、ガトー・バスクが積み重ねられている光景をよく見かけた。厚いものや薄いもの、やわらかいものやかたいものなどその種類は様々だった。共通しているのは、生地のなかにカスタードクリームまたはさくらんぼジャムを入れて焼くこと。時折ショコラを入れた現代的なものもある。表面の仕上げは、卵液を塗ってフォークで格子模様を付けたり、バスクの十字架ローブリューをデザインして焼いたものが多い。

　フランスの最も美しい村のひとつ、サールにあるガトー・バスク博物館のパティシエによると、ガトー・バスクの歴史は17世紀頃からはじまり、当時はとうもろこしの粉、豚の脂、ハチミツを使い、なかには何も入れていなかったそうだ。その後フルーツや、イチジクやプラムのジャムを入れるようになった。ただバスクのイッサス―村では黒さくらんぼがよく採れたため、次第に黒さくらんぼのジャムを使うことが多くなったとか。また、砂糖の普及と製菓技術の発達により、通年作れるカスタードクリームも定番になった。

　現在の形は、バスクのカンボ＝レ＝バン村に住む女性菓子職人のマリアンヌが考案したといわれる。彼女は1832年にお店を開き、義理の母から教わったレシピを基に「ガトー・ドゥ・カンボ」を作り、毎週木曜日にバイヨンヌに出かけてお菓子を売った。それが評判になり、後にガトー・バスクと呼ばれるようになったという。［菓子製作＝アルカション］

1. さくらんぼジャムの酸味が味のアクセントに。 2. バスクの十字架ローブリューをデザインしたガトー・バスク。 3. 水車で自家製粉しているお店ではこんな素敵なラッピングをしてくれた。 4. イッサス―村の黒さくらんぼジャム。

Données

- **C** 焼き菓子
- **O** 地方産物を活かしたもの
- **P** パータ・バスク
- **S** クレーム・パティシエール、ジャム
- **M** バター、卵、砂糖、アーモンド、小麦粉、牛乳、ジャム

ベレ・バスク
Béret Basque

ベレー帽の形がユニークなチョコレートケーキ

　フランスでは「ベレー帽といえばバスク」というイメージがある。元々はベアルン地方の羊飼いたちが、日差しや風から頭を守るために被っていた帽子だった。真偽のほどは定かではないが、ベレー帽にはこんな逸話がある。ナポレオン3世がビアリッツの宮殿建設の視察に行った際、ベレー帽を被った人が大勢いた。そこで彼が思わず口にした言葉が「ベレ・バスク」。当時は存在しない言葉だったが、皇帝の言葉を誰も否定できず、それ以降バスクのベレー帽は広く知れ渡るようになる。

　バスクはスペインからフランスにチョコレートが伝わった玄関口であり、バイヨンヌでは1580年にフランス初のチョコレート工場ができた。そのため現在も歴史あるチョコレート専門店が多く、チョコレート博物館まである。バスクの名物「ベレー帽」と「チョコレート」をお菓子にしたのが、ベレ・バスクである。スポンジとチョコレートクリームを層にし、ベレー帽の形に仕上げる。洗練された味ではないが、チョコレート文化が長い、バスクならではの力強さを感じる。［菓子製作＝下園昌江］

1. シンプルなチョコレートケーキ。2. 観光バスにはベレー帽の少年が描かれていた。

Données
- ⓒ 生菓子
- ⓞ 地方の産物を活かしたもの、外国の影響を受けたもの
- ⓟ パータ・ジェノワーズ
- ⓢ クレーム・パティシエール
- ⓜ バター、卵、砂糖、小麦粉、牛乳、チョコレート

トゥーロン・バスク
Touron Basque

スペイン生まれのカラフルなアーモンド菓子

　このお菓子は古代ギリシャ時代の、くるみやアーモンドとハチミツを混ぜたものが原型だといわれる。8世紀にアラブの統治下にあったスペインに、アラブ人によって高い製糖技術が伝わり、13世紀にトゥーロンが誕生した。これには、スペインのトレドで修道女が考案したという説がある。中世には王族の結婚式や特別な休日の際の贅沢なお菓子だった。名前の由来は、アラビア語の「乾燥する」または「焼く」という動詞をラテン語に訳した「torrere」から来ているのだとか。

　このお菓子は後にスペインに隣接するバスク地方にも伝わった。バイヨンヌの老舗チョコレート専門店「ダラナッツ」では1890年から作られているそうだ。現在は、アーモンド、砂糖が基本で、そこにピスタチオなどのナッツ類、フルーツのコンフィを加えることもある。また、サイズも形も様々である。ほとんどが着色した生地を組み合わせて構成しているが、なかには真っ赤な色のバスク地方の旗をデザインした大胆なものも売られていた。

1. バスクの旗をデザインしたトゥーロン。2. 様々な種類のトゥーロンが店頭に並ぶ。

Données

- **C** コンフィズリー
- **O** 外国の影響を受けたもの、修道院で生まれたもの
- **P** パート・ダマンド
- **M** 砂糖、アーモンド

8

Provence-Alpes-Côte d'Azur
Languedoc-Roussillon
Corse

プロヴァンス＝アルプ＝コート・ダジュール地方
ラングドック＝ルシヨン地方
コルシカ島

地域の特徴

フランス南部に位置するプロヴァンス＝アルプ＝コート・ダジュール地方は、地中海に面した穏やかな気候の地域である。イタリアとスペインに挟まれた交通の要衝で、背後にはアルプスの山々がそびえたつ。海岸線の東側のコート・ダジュールはヨーロッパ屈指のリゾート地で、ピカソ、セザンヌ、ゴッホなどの芸術家たちもこの地を愛していた。

ラングドック＝ルシヨン地方はフランスの南端であるピレネー山脈とプロヴァンス地方に挟まれた地中海沿岸に広がる地域。スペインと国境を接し、中世の古都が残る情緒豊かな面も持ち合わせているルシヨンは、長い間スペイン自治州のカタロニアに属していたためその風習が根強く残っている。

コルシカ島は地中海西部、イタリア半島の西に位置する島。手つかずの自然が残るフランスの秘境である。

食文化の特徴

プロヴァンス地方は、キリスト教化が早い時期に行われたために、クリスマスなどの宗教行事が今でも盛大である。また、沿岸漁業から沖合で獲れる海産物が豊富。内陸部では仔羊の飼育が行われている。フルーツの砂糖漬けや特産のアーモンドを使ったお菓子が多い。

ラングドック＝ルシヨン地方は、太陽と海の恵みに溢れ、食文化も華やか。漁港のセートにはイカ、タコなど新鮮な魚介類が、トー湖では牡蠣やムール貝の養殖が盛んだ。魚介とオリーブ油やトマト、ニンニクをたっぷり使った地中海料理が特徴。またぶどうの栽培を中心に、果物、野菜の栽培が行われる。

コルシカ島は、羊乳や山羊乳を原料としたチーズ「ブロッチュ」が有名。また自然のなかで放牧された豚肉や猪肉から作られる加工品は良質なことで知られる。お菓子では焼き菓子のカニストレリなどが有名。

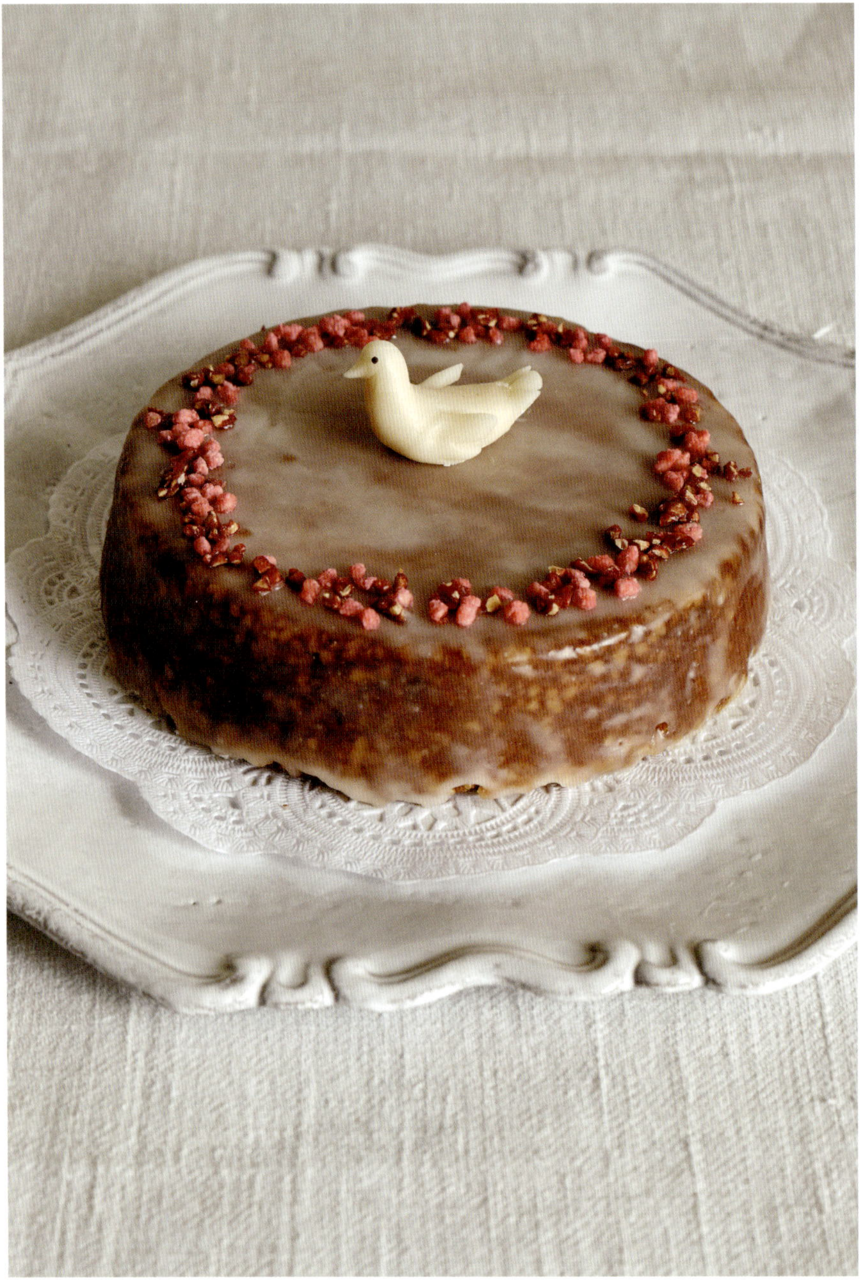

コロンビエ
Colombier

Provence-Alpes-Côte d'Azur

平和の象徴と愛の伝説から誕生したお菓子

　メロンやオレンジのフルーツの砂糖漬けを混ぜ込んだ、しっとりした食感のアーモンドケーキ。生地にはアーモンドパウダーを、表面にはアーモンドスライスやアーモンドダイスをちりばめた贅沢な焼き菓子だ。南仏では復活祭から数えて7週目の日曜日の聖霊降臨祭の日（パントコート）に、このお菓子を食べる風習がある。この日は聖霊が天から降り、十二使徒に布教をはじめたことにちなみ、キリスト教会設立の日とされる。

　コロンビエは、フランス語で鳩小屋を意味する。鳩はコロンブ（Colombe）と呼ばれ、平和と三位一体の聖霊の象徴である。このお菓子は、その鳩の形のマジパンを飾るか、ガレット・デ・ロワのように鳩の形の小さな陶器をお菓子のなかに入れる。

　マルセイユにはある愛の伝説がある。紀元前600年頃、フォカイア（現在のトルコにあったギリシャ人が開発した都市）から船がこの地にたどり着いた。その日は偶然にも、当時この地を治めていたリグリア王の娘ジプティスの婚礼の祝宴が行われる日だった。慣例により婚礼相手は、彼女自身が祝宴の最後に選ぶことになっていた。そのため彼女との結婚を望む、多くの勇敢な男たちがその場に集まっていたが、彼女が選んだのは、フォカイアからその日やってきた若者プロティスだった。出会ったその日に結婚するこの2人がマルセイユを作ったといわれ、この伝説は語り継がれている。これにちなんで、20世紀はじめにマルセイユの菓子職人が、ケーキのなかに鳩の陶器を入れたお菓子、コロンビエを考案した。鳩の陶器が当たった人は、この伝説の夫婦の祝福を受け、1年以内に結婚できるといわれる。また愛の伝説に由来するため、婚約のお祝いとして作られることもある。［菓子製作＝下園昌江］

1. なかにフルーツの砂糖漬けが混ぜ込まれている。 2. コロンビエ用の鳩のフェーブ。様々な種類がある。 3. マルセイユの海岸沿いの見晴らし。

Données

- 焼き菓子
- キリスト教の季節行事、伝説から生まれたもの
- アプリコットジャム
- バター、卵、砂糖、アーモンド、小麦粉、フルーツの砂糖漬け

ナヴェット
Navette

聖母マリアを運んできた小舟形の焼き菓子

　フランス語で小舟を意味するナヴェットは、オレンジの花の水で香りを付けた舟形の焼き菓子である。プロヴァンスを中心に作られ、よくパティスリーの店頭で山積みになって売られている。

　小舟でプロヴァンスに流れ着いた聖母マリアの伝説から作られたこのお菓子は、18世紀にマルセイユのブーランジュリー「Four des Navettes（フール・デ・ナヴェット）」が考案し、今なお販売されている。このお店では「ナヴェット・ドゥ・サン=ヴィクトール」と呼ばれ、中央に1本線の入った15cmほどの細長い棒状である。毎年2月2日の聖母お清めの日（シャンドゥルール）には、このお店に大司教がやって来て、焼き上がったナヴェットを自らオーブンから取り出すことでも知られる。その日は大行列で、1日に1万本以上も売れるという。この洗礼を受けたナヴェットと清めの色である緑のろうそくを1年間大切に保管すると、その家庭には幸運が訪れるといわれる。ニースにもこのお菓子があり、手のひらサイズの細長いひし形をしている。［菓子製作＝下園昌江］

1.「フール・デ・ナヴェット」の店内。2. 町中でナヴェットが山積みで売られていた。

Données

● 焼き菓子
● キリスト教の季節行事、伝説から生まれたもの
Ⓜ 卵、砂糖、小麦粉、オリーブオイル、オレンジの花の水

松の実のクロワッサン
Croissant aux Pignons

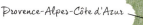

ひと口食べれば松の実の香りが口いっぱいに広がる

　プロヴァンス地方のエク゠サン゠プロヴァンスが本場の、松の実を混ぜた小さなクロワッサン形のアーモンド菓子。預言者のノストラダムスの1552年の著書にも登場する。

　作り方はきわめてシンプル。卵白、粉糖、アーモンドパウダーを混ぜ、三日月形にし、表面にたっぷりの松の実をまぶして焼く。温暖な気候のプロヴァンスは果物やナッツの栽培が盛んで、お菓子にもドライフルーツやナッツを使ったものが多い。このお菓子もほかでは見られないほど、松の実をふんだんに使うのが特徴だ。

　プロヴァンス地方から南西部のラングドック゠ルシヨン、ミディ゠ピレネーにかけては松林が広がり、松の実の高い生産量を誇る。松の実は聖書にも記述があるほどその歴史は古く、仙人の不老長寿の秘密ともいわれて栄養価も高い。そのためプロヴァンスでは、古くから松の実をお菓子や料理に使ってきた。松の実のタルト「タルト・オ・ピニョン」も有名である。［菓子製作＝下園昌江］

松の実は脂肪分が多く甘みがあり、お菓子や料理に活用されている。

Données

- ❻ 焼き菓子
- ❻ 地方産物を活かしたもの
- Ⓜ 卵白、砂糖、アーモンド、小麦粉、松の実

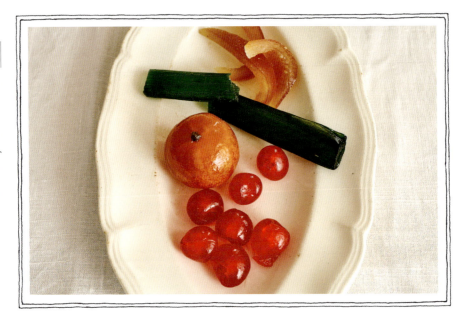

フリュイ・コンフィ
Fruits Confits

Provence-Alpes-Côte d'Azur

色とりどりに輝くフルーツの宝石

　プロヴァンスを中心に作られるフルーツの砂糖漬け。材料は新鮮なフルーツと水、砂糖のみ。ポイントは、時間をかけてゆっくりと糖度を上げ、フルーツの中央にまで糖液を浸透させていくこと。丁寧に作られるため、高級品として贈り物や土産物に選ばれることが多い。

　特産のフルーツを使ったものは素材の味が活かされ、格段の風味がある。特に名高いのは、リュベロン地方の町アプトのもの。14世紀はじめから作られ、1365年にはアヴィニョンに住むローマ教皇にも献上されたという。貴重な砂糖をたっぷり使ったフリュイ・コンフィは富の象徴だったのだろう。

　果物を砂糖に漬けて保存する方法を考えたのは、アラブ人だといわれているが、古代ローマや古代エジプトでもフルーツやナッツをハチミツに漬けて保存していたといわれる。プロヴァンスでは中世に、十字軍により砂糖が伝わってからとされる。

　このお菓子が最も売れるのはクリスマス。プロヴァンスではトレーズ・デセール（P119）でフリュイ・コンフィが食される。

1. ニースのマルシェでは様々な種類のものが売られていた。2. ニースにあるフリュイ・コンフィの工場。

Données
- **C** コンフィズリー
- **O** 地方産物を活かしたもの
- **M** 砂糖、フレッシュフルーツ

フガス
Fougasse

地中海近辺で食べられる平たいパン

　フランス最古のパンのひとつで、プロヴァンス一帯で広く食べられている。ラテン語の「panis focacius（かまど、または灰の火で焼いた平たいパン）」が語源のその名の通り平たいパンで、形や具材は地域や家庭によって異なる。元々は焼き窯の温度を見るために、試しに生地の一部を平たくのばして焼いたのがはじまりとか。プロヴァンスはオリーブオイルの産地のため、油脂はバターよりもオリーブオイルを使うことが多い。

　フガスにはいくつか種類がある。「フガス・オ・グラトン」は、豚やガチョウの脂肪を煮詰めたものを入れる。一般的にはチーズやオリーブなどを合わせた塩味のものが多いが、砂糖とオレンジの花の水を加えた甘いものもある。

　「ポンプ・ア・リュイル」はオレンジの花の水またはレモンやオレンジの皮で香りを付けた甘いフガスで、この地域でクリスマスに食べるトレーズ・デセール（P119）のひとつ。手でちぎるのが伝統的な食べ方で、ナイフでカットしてしまうと翌年が台無しになるといわれているのだとか！［菓子製作＝ヴィロン］

1. マルシェで売られていたオレンジの花の香りのフガス。
2. クリスマスはこれらとポンプ・ア・リュイルを食べる。

Données

- Ⓒ 発酵菓子
- Ⓞ 地方産物を活かしたもの
- Ⓟ パート・ルヴェ
- Ⓜ 卵、砂糖、小麦粉、酵母、オリーブオイル、オレンジの花の水など

Provence-Alpes-Côte d'Azur 150

トロペジェンヌ
Tropézienne

Provence-Alpes-Côte d'Azur

女優が愛した甘いパンとクリームのハーモニー

バターたっぷりの丸いブリオッシュ生地に、カスタードとバタークリームを合わせたクリームを挟み、表面にあられ糖をまぶしたプロヴァンス地方の港町のサン＝トロペ生まれのお菓子。ふんわり甘いパンとやさしい卵のクリームは、多くの人に親しまれる美味しさである。クリームはカスタードクリームだけ、あるいは生クリーム、ジャムの場合もある。

このお菓子は、1950年代にサン＝トロペのパン職人のアレクサンドル・ミカが考案した。ポーランドから移住してきた彼が、母国のお菓子を思い出して作ったという。

1955年に映画『素直な悪女』のロケでこの地を訪れた女優ブリジット・バルドーがこのお菓子を大いに気に入り、「名前はタルト・サン＝トロペがいいんじゃない？」と提案したという。これをきっかけに、このお菓子はフランス語で「サン＝トロペの女性」という意味の「トロペジェンヌ」になったとか。今では、この町だけでなく、フランス全土で見られるお菓子である。

トロペジェンヌを広めたこのお店は、現在は「La Tarte Tropézienne（ラ・タルト・トロペジェンヌ）」という店名である。ここでは大小様々なトロペジェンヌが売られている。最近はパリのサン＝ジェルマン・デ・プレにも、カフェを併設した支店ができたが、叶うならプロヴァンスの太陽の下で食べたいものである。［菓子製作＝パッションドゥローズ］

1. クリームがたっぷり挟まれている。 2. パリにある「ラ・タルト・トロペジェンヌ」。 3. サイズ違いで売られている。 4. 太陽の光が降り注ぐコート・ダジュール。

Données

- **C** 発酵菓子
- **O** 外国の影響を受けたもの
- **P** パータ・ブリオッシュ
- **S** クレーム・ムースリーヌ、クレーム・パティシエール
- **M** バター、卵、砂糖、小麦粉、生クリーム、牛乳

カリソン・デクス
Calissons d'Aix

オレンジの花香る微笑みのコンフィズリー

　フルーツ香るマジパン菓子で、プロヴァンス地方のエク＝サン＝プロヴァンスの銘菓。元々は13世紀のイタリアのヴェニスで、宗教的行事の際に信者にふるまわれていたそうだ。

　名前の由来は諸説ある。昔はすのこの上でこのお菓子を乾燥させていたため、プロヴァンス語の「calissoun（すのこ）」が語源という説。また、1629年に感染症のペストが流行した際、沈静を願って守護聖人に捧げた儀式に由来するという説もある。儀式後に大司教により聖杯に入れられたカリソンが配られたため、プロヴァンス語の「calice（聖杯）」が語源ともいわれる。ほかにも1473年にプロヴァンスのルネ王の結婚を祝って作られたという説もある。それまで微笑まなかった花嫁のジャンヌ王妃が、晩餐会でこのお菓子をひと口食べるなり美しく微笑んだ。そのことに参列者達が驚いて「これはやさしいキス（carin）のようだ」といったとか、王が「"抱擁"と呼ぼう（Di Calin soun.）」といったことから転じたといわれる。

1. カラフルなカリソンも売られている。 2. カリソンを作る機械。

Données

- **C** コンフィズリー
- **O** 地方産物を活かしたもの、キリスト教の宗教行事
- **M** 砂糖、アーモンド、フルーツの砂糖漬け

クロッカン
Croquant

カリカリした南仏の素朴な焼き菓子

　フランスの南部、主にミディ＝ピレネー地方とプロヴァンス地方で作られている、ナッツの入った薄い焼き菓子。クロッカンとは、フランス語でカリカリしたという意味。

　卵白、砂糖、小麦粉、ナッツという材料は共通だが、地域によって作り方は異なる。基本的な作り方は、卵白と砂糖を合わせた生地にナッツを入れ、平たくのばして焼く。焼き上がりはカリッとかためである。手に入りやすい素材で簡単に作れる定番菓子だが、中世に城塞都市として栄えたミディ＝ピレネー地方のコンド＝シュル＝シエルものも有名だ。ここにはクロッカン発祥にまつわる話が語り継がれている。17世紀からアーモンドが栽培されていたこの地には、アーモンドが余るほどあった。宿屋の女主人がその活用方法を考え、卵白、砂糖、アーモンドでお菓子を作り、地元のワインとともに提供していたのがクロッカンのはじまりだとか。現在では「クロッカン・ドゥ・コルド」と呼ばれ、この地の銘菓として知られる。毎年6月にはクロッカン祭りが開催されている。［菓子製作＝下園昌江］

1. コルド＝シュル＝シエルにある「砂糖の芸術博物館」。
2. ここでもクロッカンが売られていた。

Données

- ⓒ 焼き菓子
- ⓞ 地方産物を活かしたもの
- ⓜ 卵白、砂糖、小麦粉、ナッツ類

ルスキーユ
Rousquille

白いリング形のほろほろクッキー

　フランス南西部からスペイン国境付近で作られている伝統的な焼き菓子。バター控えめのクッキーのような生地を、リング型で厚めに抜いて焼く。仕上げに、レモンやアニスの風味の糖衣をかける。ルスキーユとは、ユダヤ教の儀式に用いるパン「パン・ア・ラニス」を意味するベアルン語の「rosque」に由来するといわれている。またカタルーニャの言葉で王冠を意味する「rosca」、スペイン語で小さな輪を意味する「rosquilla」も語源ではないかといわれる。「ロスキーユ」とも呼ばれる。

　元々はスペイン近くのヴァレスピール一帯で作られていた堅い焼きっぱなしのお菓子で、行商人がかごに入れてマルシェなどで販売していた。1810年にこの地方のアメリー＝レ＝バンの菓子職人のロベール・セグラが、表面を糖衣がけすることを考案し、各地に広まった。ピレネー山脈の西側のベアルン地方でも、このお菓子を見かける。［菓子製作＝アミティエ 神楽坂］

レモン風味の糖衣で覆われた爽やかな味わいの丸型のルスキーユ。

Données
- **C** 焼き菓子
- **O** 外国の影響を受けたもの
- **S** グラス・ロワイヤル
- **M** バター、卵、砂糖、小麦粉、レモン、アニスなど

ブラン゠マンジェ
Blanc-Manger

貴族に愛されてきた甘くて白いゼリー

　砂糖入りのアーモンドミルクをゼラチンで固めたデザート。ブラン゠マンジェとはフランス語で「白い食べ物」を意味する。おそらく今日のデザートで最も歴史が古く、長く貴族に愛されてきた。

　中世には、鶏や仔牛の肉とアーモンドをゆでてすり潰したスープも、アーモンドミルクにハチミツを加えたものも、ブラン゠マンジェと呼んでいた。14世紀の料理書には、ブラン゠マンジェとはゼラチン質の肉あるいは白身魚にアーモンドの粉末を加えてとろみを付け、塩と砂糖で味付けたポタージュのことだと書かれている。やがて料理の方は消滅し、帝政期の終わりには甘いデザートの方が代表的になった。そして19世紀にパティシエのアントナン・カレームにより、広く知られるようになった。彼のブラン゠マンジェは、アーモンドミルクと砂糖、魚の浮き袋からとったゼラチンで作られていた。

　ほかにも、アーモンドと砂糖で作られたアラビアのお菓子が発祥とも、ラングドック地方のモンペリエ周辺や、その西側のカタルーニャのスペシャリテともいわれる。［菓子製作＝下園昌江］

カスタードソースの一種のアングレーズソースやフルーツのソースを添えて食べることが多い。

Données

- **C** デザート
- **O** 地方産物を活かしたもの
- **M** 砂糖、アーモンドミルク、生クリーム、牛乳、ゼラチン

クレーム・カタラーヌ
Crème Catalane

クレーム・ブリュレの原型？

　カタラーヌとは、フランスの国境と隣り合うスペイン北東部の自治州であるカタロニアの形容詞。つまりは、このお菓子はカタロニア風クリームという意味である。17世紀にスペインのカタロニアから、フランスのペルピニャンに伝わったとされ、スペインでは「クレマ・カタラーナ（crema catalana）」とも呼ばれる。3月19日の聖ヨセフの日に食べられる。

バイヨンヌ近郊のオーヴェルジュにて。大きくて食べ応えがあった。

　クレーム・ブリュレの原型ともいわれている。クレーム・ブリュレは牛乳、生クリーム、卵黄、砂糖を合わせたものを湯煎焼きする。対してこのお菓子は、牛乳にレモンの皮とシナモンで香りを付けて、そこに卵黄、砂糖、小麦粉（またはトウモロコシのでんぷん）を加え、カスタードクリームのように加熱しながら混ぜる。これにより、ねっとりとした口当たりの濃厚な味わいになる。クレーム・ブリュレ同様冷やした後、表面に粗糖のカソナードをかけて、焼きごてやバーナーでキャラメリゼして仕上げる。パリッと香ばしいキャラメルの食感と、クリームから漂うエキゾチックな香りが印象的だ。［菓子製作＝下園昌江］

Données
- **C** デザート
- **O** 外国の影響を受けたもの
- **M** 卵、砂糖、小麦粉、牛乳、レモンの皮、シナモン

カニストレリ
Canistrelli

聖週間の木曜日に食べられていたクッキー

　カニストレリは中世の宗教的な儀式、洗足式に関わるお菓子である。洗足式とは、キリストが最後の晩餐後に十二使徒の足を洗い、互いに足を洗うよう伝えたことに由来する。足の汚れだけではなく、罪で汚れた心の汚れを落とすという意味合いがある。聖週間（復活祭前日までの1週間）の木曜日に行われる。

　コルシカ北西部のカルヴィでは、この儀式の後の宗教行列の際に、司祭からまずカニストレリに対して神のご加護が与えられる。そしてこれを渡された人々にも神のご加護があるとされてきた。

　その後羊飼いの伝統的なお菓子となったが、現在ではコルシカ特産のお菓子として広く食べられている。この地域は山岳地帯が多く、小麦の栽培に不向きだったため、豊富に取れる栗をいぶして粉にし、パンやお粥にして食べてきた。そのため、このお菓子にも栗粉を使うことがある。近年では、白ワインやアーモンド、レモン入りのものなど種類豊富にある。［菓子製作＝下園昌江］

1. 地中海に浮かぶコルシカ島。山岳部が多く平地が少ない。2. 食材屋で量り売りされていたカニストレリ。

Données

- ⓒ 焼き菓子
- ⓞ キリスト教の季節行事
- ⓜ バター、卵、砂糖、小麦粉、栗粉など

フィアドーヌ
Fiadone

コルシカ特産のブロッチュを使ったチーズケーキ

　イタリア半島の西に位置するフランスの島、コルシカ。広島県とほぼ同じ面積を持つ、地中海で4番目に大きな島だ。現在はリゾート地としても有名だが、周囲の国々による資源や領土の奪い合いにより翻弄されてきた歴史がある。

　紀元前3世紀からローマに支配され、5世紀には蛮族からの襲撃を受けた。11世紀にはピサ共和国、13世紀にはジェノヴァ共和国に支配され、1768年に締結されたヴェルサイユ条約により、フランスが統治権を持つようになった。様々な支配や統治を受け、コルシカ独自の文化はしばしば侵略されてきたが、現在はその文化を見直す流れが出てきている。

　フィアドーヌは、コルシカ特産のフレッシュチーズ「ブロッチュ」と、卵、砂糖、少量の小麦粉で作られる、さっぱりと軽い焼きチーズケーキだ。コルシカでは昔から山羊や羊の酪農が盛んで、ブロッチュは山羊または山羊と羊の乳を原料とし、A.O.P.（P10）の認定も受けている。製法はイタリアのリコッタチーズと同じで、チーズを作る際に出てくる水分（ホエー）を利用し、大体11月から6月までに作られる。フレッシュなものと、21日間以上熟成させた「passu」、それをさらに乾燥させた「seccu」の3種類があり、ハチミツやジャムを添えて食べたり、料理やお菓子にも使われる。

　コルシカはナポレオン生誕の地としても知られる。彼の母は作り立てのブロッチュの美味しさが忘れられず、わざわざ山羊をパリに取り寄せて、ブロッチュを作ろうとしたのだとか。残念ながらコルシカのものほど美味しくはできなかったそうだが、それほどまでに出来立てのブロッチュの美味しさは格別ということだろう。［菓子製作＝下園昌江］

1. 島の中央に位置する町、コルテの崖の上にそびえる城砦。 2. 地中海に囲まれたコルシカ島は雄大な自然に出会える場所でもある。 3. ブロッチュを使用した揚げ菓子。

Données
- ⓒ 焼き菓子
- ⓞ 地方産物を活かしたもの
- Ⓜ 卵、砂糖、小麦粉、ブロッチュ

まだまだ紹介したい地方菓子と伝統菓子

フランスには数えきれないほどの地方菓子・伝統菓子が存在する。
現地ではほかに、こんな印象深いお菓子たちにも出会った。

〈 地方菓子 〉

マンディアン
Mendiant

 Alsace

あまったブリオッシュやクグロフを活用した、家庭で作るお菓子。それらのパンを適当なサイズに切り、卵、砂糖、牛乳を混ぜたアパレイユに浸し、耐熱容器に入れてりんごやさくらんぼなどと一緒にオーブンで焼く。「ベトゥルマン」とも呼ぶ。

Données Ⓒ 焼き菓子　Ⓟ パータ・ブリオッシュ　Ⓜ バター、卵、砂糖、牛乳、パン、フルーツ、シナモンなど

ロップキュエシュ
Ropfkueche

 Alsace

1200年の歴史を誇る古い町、ローズアイム発祥の発酵菓子。フランスで発酵菓子が流行した18世紀頃にパン職人のアイデアで生まれた。薄く円形にのばした発酵生地に、ナッツ、砂糖、生クリーム、シナモンを合わせたものをかけて焼く。

Données Ⓒ 発酵菓子　Ⓟ パータ・ブリオッシュ　Ⓜ バター、卵、砂糖、アーモンド、小麦粉、生クリーム、牛乳、酵母、塩、ヘーゼルナッツ、シナモン

シュトゥルゼル
Streusel

 Alsace

丸いブリオッシュ生地にシナモン風味のシュトロイゼル（バター、砂糖、小麦粉で作るそぼろ状の甘いトッピング）を散らして焼いた、ほんのり甘い発酵菓子。ドイツでもパンやお菓子にシュトロイゼルを多用するので、その影響があるのかもしれない。

Données Ⓒ 発酵菓子　Ⓟ パータ・ブリオッシュ　Ⓜ バター、卵、砂糖、塩、酵母、小麦粉、シナモン

トゥルグル
Teurgoule

 Normandie

米、牛乳、砂糖、シナモンを合わせて陶器型に入れ、弱火で6時間ほど焼いたノルマンディ風お米のプリン。表面に黒くこげた膜ができる。お米のお菓子はフランス家庭の伝統的なおやつのメニューであり、地元ではデザートの定番である。

Données Ⓒ デザート　Ⓞ 地方産物を活かしたもの　Ⓜ 砂糖、牛乳、米、シナモン

メンチコフ
Mentchikoff

 Centre-Val-de-Loire

サントル地方シャルトルの名物で、空豆の形のチョコレート菓子。プラリネとチョコレートを合わせたものをスイスメレンゲで包んでいる。「メンチコフ」とはロシア皇帝に仕えた総司令官の名前。1893年に露仏同盟にちなみ、当時のパティスリーが考案した。

Données Ⓒ コンフィズリー　Ⓞ 歴史から生まれたもの　Ⓟ ムラング・スイス　Ⓜ チョコレート、アーモンド、卵白、砂糖

オルレアンのコティニャック
Cotignac d'Orléans

Centre-Val-de-Loire

円形の平たい箱に入れて固めた、「西洋のかりん」ともいわれるマルメロの丸いゼリー。サントル地方オルレアンの古いスペシャリテ。15、16世紀頃から作りはじめ、オルレアン公の宮廷、さらにパリの上流階級でも食べられていた。

Données **C** コンフィズリー　**O** 地方産物を活かしたもの　**M** 砂糖、マルメロ

パテ・オ・プリュヌ
Pâté aux Prunes

Pays-de-la-Loire

アンジュー地方のプラムのパテ。パイ生地でたっぷりのプラムを覆った菓子。ロワール特産の緑のプラム、レーヌ・クロードを使ったものは「パテ・ドゥ・レーヌ・クロード」とも呼ばれる。

Données **C** 焼き菓子　**O** 地方産物を活かしたもの　**P** パート・ブリゼ　**M** バター、卵、砂糖、小麦粉、プラム

クロワ・ドゥ・サヴォワ
Croix de Savoie

Rhône-Alpes

ローヌ＝アルプ地方の東部、スイスとイタリアに近いサヴォワ名物の発酵菓子で、薄くのばしたブリオッシュ生地にカスタードクリームを合わせたもの。この地方の旗に描かれている十字架をイメージし、2つの生地をクロスして焼くのが特徴。

Données **C** 発酵菓子　**P** パータ・ブリオッシュ　**S** クレーム・パティシエール　**M** バター、卵、砂糖、小麦粉、牛乳、酵母、塩

ガトー・アルボワザン
Gâteau Arboisien

Franche-Comté

フランシュ＝コンテ地方のジュラ県アルボワのスペシャリテで、ナッツとココア風味の焼き菓子。卵黄と砂糖を泡立てた生地にアーモンドパウダーとヘーゼルナッツパウダーとココアを加え、メレンゲを合わせて焼く。作り方が簡単なので家庭でよく作られている。

Données **C** 焼き菓子　**M** 卵、砂糖、アーモンド、ヘーゼルナッツ、ココア

ガトー・オ・ノワ
Gâteau aux Noix

Aquitaine

粉末または刻んだくるみをたっぷりと加えたケーキ。ペリゴールはドーフィネ地方グルノーブルと並ぶくるみの産地で、その種類は10種類以上あるという。くるみはスポンジに混ぜたり、キャラメルがけしてタルトに詰めたりと様々なアレンジがなされる。

Données **C** 焼き菓子　**O** 地方産物を活かしたもの　**P** パータ・ケーク　**M** バター、卵、砂糖、小麦粉、くるみ

タルト・オ・シトロン
Tarte au Citron

Provence-Alpes-Côte d'Azur

プロヴァンス名産のレモンが主役のお菓子で、現在はフランス全土で親しまれている。タルト生地に甘酸っぱいレモンクリームを詰める。仕上げにメレンゲで覆い、オーブンやバーナーで焦げ目を付けるが、最近はメレンゲを使わないことも多い。

Données **C** 生菓子　**O** 地方産物を活かしたもの　**P** パート・シュクレ　**S** クレーム・シトロン、ムラング・イタリエンヌ　**M** バター、卵、砂糖、小麦粉、レモン

〈伝統菓子〉

ガトー・オ・ショコラ
Gâteau au Chocolat

焼きっぱなしのチョコレートケーキ。比較的手軽にできるために、パティスリーよりも、家庭やビストロなどでよく作られている。それぞれの家庭でレシピがあり、シンプルながら個性が出る。そのままや、泡立てた生クリームを添えて食べる。

Données ⓒ 焼き菓子 Ⓜ バター、卵、砂糖、小麦粉、チョコレート、ココア

ガトー・ウィークエンド
Gâteau Week-end

ウィークエンドの名前の通り、週末に家族や友人と過ごすときに食べるお菓子。レモンを効かせることが多く、爽やかな香りとやわらかな食感で誰からも好まれる。焼きっぱなしの場合もあるが、周囲にレモン風味の糖衣をかけて仕上げることもある。

Données ⓒ 焼き菓子 Ⓟ パータ・ケーク Ⓜ バター、卵、砂糖、小麦粉、レモン

ピュイ・ダムール
Puits d'Amour

「愛の泉」という名のお菓子。ルイ15世の妻マリーが好んだ「王妃風パイ」（パイ生地の器にホワイトソースや具材を詰めた料理）から派生。最初は赤すぐりジャムを入れていたが、現在はカスタードクリームを入れ、表面をキャラメリゼしたものが定番。

Données ⓒ 生菓子 Ⓟ パート・フィユテ Ⓢ クレーム・パティシエール Ⓜ バター、卵、砂糖、小麦粉、牛乳、塩

サン＝マルク
Saint-Marc

「マルコの福音書」でも知られるヴェネチアの守護聖人のサン＝マルクの名を付けたお菓子。アーモンド入りのビスキュイで、チョコレートクリームとバニラクリームをサンドしている。表面をキャラメリゼするので艶があり香ばしい。

Données ⓒ 生菓子 Ⓟ ビスキュイ・ジョコンド Ⓢ クレーム・シャンティ、シャンティ・ショコラ、パータ・ボンブ Ⓜ 卵、砂糖、アーモンド、小麦粉、生クリーム、チョコレート

ルリジューズ
Religieuse

パティスリーの定番菓子。大小のシュー生地を重ねて、接着部分の周りにバタークリームを絞る。1850年頃は今とは異なる形状だったが、19世紀後半に今の形になる。修道女の服装に似ているため、ルリジューズ（修道女）と名付けられた。

Données ⓒ 生菓子 Ⓟ パータ・シュー Ⓢ クレーム・パティシエール、フォンダン、クレーム・オ・ブール Ⓜ バター、卵、砂糖、小麦粉、牛乳、塩

パン・ドゥ・ジェーヌ
Pain de Gênes

ジェーヌとはイタリアのジェノヴァのこと。1800年にフランス軍がジェノヴァで包囲された際、兵士たちがお米と50tのアーモンドを食べて生きのびたという話に由来。考案者はパリのパティスリー「シブースト」のフォーヴェルといわれる。

Données ⓒ 焼き菓子 Ⓜ バター、卵、砂糖、アーモンド、小麦粉

レシピから見る
フランスの地方菓子

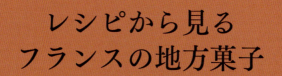

これまで紹介したお菓子のなかから
いくつかセレクトしてレシピをお伝えします。
材料さえあればすぐにできる簡単なものから、
じっくり時間をかけて作りたいものまで、
フランスの地方菓子をより深く知ることのできる
ラインナップです。

マカロン・ダミアン
Macaron d'Amiens
Données P38

アーモンドの濃厚な味わいと、独特のねっちりした食感が特徴。短時間で焼くことで、アーモンドの風味がしっかり生地に残ります。常温で7日ほど日持ちします。

◆材料［直径3cm×16個分］

粉糖 ≡ 80g

アーモンドパウダー ≡ 100g

卵黄 ≡ 8g

バニラオイル ≡ 1滴

ハチミツ ≡ 11g

アプリコットジャム ≡ 11g

アーモンドエッセンス* ≡ 0.5g（あればでOK）

卵白 ≡ 19g

*アーモンドエッセンス
ビターアーモンドの香りを凝縮したエッセンス。
杏仁豆腐に似た香りで、少量で独特の風味が広がる。

◆準備

◎オーブンを 200℃に予熱しておく。

◆作り方

1. **生地作り**　ボウルに粉糖、アーモンドパウダーを入れ、木ベラでよく混ぜる。

2. 溶きほぐした卵黄、バニラオイル、ハチミツ、アプリコットジャム、あればアーモンドエッセンスを加え、最初は木ベラで、ある程度混ざったら手でよく混ぜる。

3. 卵白を加え*、よく混ぜ、やややわらかめのマジパンくらいのかたさにする。ラップをして、冷蔵庫で半日〜一晩休ませる。

    *卵白は最初 8 割程度入れて、かたさを確認すると良い。ちょうど良いかたさなら、卵白を残して OK。

4. 直径 2.5cmの細さになるまで棒状に丸めて、ラップで包んで冷凍する。

5. 4 を幅 1.8cmにカットする。オーブンシートの上に並べて、中央をかるく指で押さえる。

6. **焼成**　180℃のオーブンで 10〜12 分焼く。

アニョー・パスカル
Agneau Pascal

Données P48

伝統的な作り方は、卵黄と卵白を分ける別立ての生地ですが、今回は軽さとコクが出るようにアーモンドパウダーを入れて共立ての生地で作ります。常温で3日ほど日持ちします。

◆材料［長さ18cmのアニョー・パスカル型×1台分］
グラニュー糖 ≡ 72g
レモンの皮 ≡ ¼個
全卵 ≡ 110g
バニラオイル ≡ 2滴
薄力粉 ≡ 70g
アーモンドパウダー ≡ 15g
バター ≡ 65g

◆準備

◎レモンの皮はすりおろす。
◎薄力粉、アーモンドパウダーを合わせてふるう。
◎バターは湯煎で溶かし、60℃ほどに温めておく。
◎型にバター（分量外）を塗り、冷蔵庫で冷やしてから、強力粉（分量外）をふって余分な粉をおとす。
◎オーブンを200℃に予熱しておく。

◆作り方

1. **生地作り**　ボウルにグラニュー糖（3g）、すりおろしたレモンの皮を入れ、レモンの香りが砂糖にうつるように、ゴムベラで押し当ててすり合わせる。

2. 別のボウルに溶きほぐした卵、残りのグラニュー糖を入れて、湯煎にかけ、ハンドミキサー（低速）をかけながら人肌程度に温める。

3. 湯煎から外し、ハンドミキサー（高速）で4分、生地のあとが残るまでしっかりと泡立てる。

4. 1と、バニラオイルを加え、ハンドミキサー（低速）で30秒混ぜる。ゴムベラに持ちかえて粉類を3回に分けて加え、その都度8割ほど混ざったら■、次を加える。3回目は最後までしっかり混ぜる。

5. 溶かしバターの入ったボウルに4をひとすくい入れ■、よく混ぜ合わせる。それを4のボウルに戻し、底からすくい上げるように、やさしく混ぜ合わせる。

6. 型に流し入れる。まずは頭の部分に生地を入れてから■、全体に残りの生地を入れる■。

7. **焼成**　180℃のオーブンで30分、その後170℃で20〜30分で焼く。焼き上がりの目安は、生地の中央を指で押して弾力があればOK。

    ＊途中で焼き色を見て、色付きが良すぎるようなら、上にアルミホイルをかぶせる。

8. **仕上げ**　粗熱が取れたら金具を外して型から出し、茶こしで粉糖（配合外）をかける。

マドレーヌ
Madeleine
Données P62

焼き上がり当日は、外はかりっ、なかはしっとりとした食感を味わえます。バターの風味のなかにさりげないレモンの爽やかさが効いてます。3日ほど日持ちするので、粗熱が取れたら保存袋に入れて乾燥を防いで。

◆材料［長さ7.5cmのマドレーヌ型×9個分］

グラニュー糖 ≡ 55g

きび砂糖 ≡ 5g

レモンの皮 ≡ ½個分

薄力粉 ≡ 63g

ベーキングパウダー ≡ 1.5g

全卵 ≡ 84g

塩 ≡ 0.2g

バニラオイル ≡ 1滴

ハチミツ ≡ 15g

バター ≡ 70g

◆準備

◎レモンの皮はすりおろす。
◎薄力粉、ベーキングパウダーを合わせてふるう。
◎バターを湯煎で溶かし、40〜45℃に温めておく。
◎型にバター(分量外)を塗り、冷蔵庫で冷やしてから強力粉(分量外)をふって余分な粉をおとす。
◎オーブンと天板を210℃に予熱しておく。

◆作り方

1. **生地作り** ボウルにグラニュー糖、きび砂糖を入れて、ゴムベラで混ぜる。すりおろしたレモンの皮を加え、レモンの香りが砂糖にうつるようにゴムベラで押し当ててすり合わせる。粉類を加え、ホイッパーで混ぜ合わせる。
2. 別のボウルに卵と塩を入れて、ホイッパーでサラサラになるまで溶きほぐす。
3. 1の中央に2を入れて、ホイッパーで中央から静かに混ぜる。バニラオイル、ハチミツの順に加え、その都度混ぜ合わせる。
4. バターを少しずつ加え、ホイッパーでゆっくり混ぜる。全て加えたら、ゴムベラで全体を均一な状態になるように混ぜる。冷蔵庫で一晩休ませる。
5. 4を絞り袋に入れて、型の8分目まで絞り入れる。
6. **焼成** 190℃で16〜18分焼く。

パレ・ブルトン
Palet Breton
Données P76

焼いた当日は、バターの香りが際立ち、さくっと軽い口当たりです。翌日以降になるとアーモンドのコクが際立ちます。日持ちは常温で1週間ほど。乾燥材と一緒に密封して保存してください。

◆材料［直径6cm×6〜7枚分］

バター ≡ 90g
粉糖 ≡ 50g
塩（ゲランドの塩*）≡ 1.5g
卵黄 ≡ 13g
ラム酒 ≡ 7g
バニラオイル ≡ 1滴
アーモンドパウダー ≡ 8g
薄力粉 ≡ 88g
ベーキングパウダー ≡ 0.7g

* ゲランドの塩
ブルターニュ地方の自然海塩。
自然の力でゆっくりと結晶化させた、深い味わいが特徴。

◆準備
◎バターは室温においておき、やわらかくしておく。
◎薄力粉、ベーキングパウダーを合わせてふるう。
◎オーブンを190℃に予熱しておく。

◆作り方

1. **生地作り** ボウルにバターを入れ、木ベラで練り混ぜる。粉糖を3回に分けて加え、その都度50回ほど大きな楕円を描くよう混ぜる。塩を加え混ぜ合わせる。

2. 溶きほぐした卵黄を2回に分けて加え、その都度50回ほど混ぜる。ラム酒、バニラオイル、アーモンドパウダーの順に加え、その都度しっかり混ぜ合わせる。

3. 粉類を半量ずつ加え、その都度ボウルを手前に回転させながら、木ベラでボウルの底からすくい上げるようにして、粉が見えなくなるまで混ぜる。粉が見えなくなったら、カードで全体をしっかり混ぜる。

4. 生地をラップで包み、冷蔵庫で一晩休ませる。

5. 生地を台の上に出し、麺棒で厚さ1cmにのばす。冷凍庫で10〜15分ほど冷やす。

    *生地がやわらかいので、生地を2枚のラップで挟んで作業すると良い。

6. 直径6cmの丸型で生地を抜き、アルミケースに入れる。余った生地はまとめて、厚さ1cmにのばして使用する。

    *生地がやわらかすぎる場合は、一度冷凍庫で冷やすと良い。

7. **焼成** 170℃のオーブンで40分焼く。

    *30分をすぎたら様子を見て、焼き色が強くなりそうなら温度を10℃下げる。

ピティヴィエ・フォンダン
Pithiviers Fondant
Données P94

焼き上がった当日よりも翌日の方が、アーモンドの旨みやラム酒の風味を感じられ、より美味しく味わえます。少量でも食べ応えがあるので、小さめにカットすると良いでしょう。冷蔵もしくは常温で保存できます。

◆材料［上口直径18cm・底口直径14.5cmのマンケ型×1台分］

バター ≡ 86g
粉糖 ≡ 100g
全卵 ≡ 176g
アーモンドパウダー ≡ 100g
バニラオイル ≡ 2滴
オレンジの皮 ≡ 1/6個分
薄力粉 ≡ 30g
ラム酒 ≡ 10g
アプリコットジャム ≡ 適量
フォンダン* ≡ 140g
A｜グラニュー糖 ≡ 10g
　｜水 ≡ 8g
アーモンド（皮なし）≡ 8個
ドレンチェリー（赤・緑）≡ 各2個

* フォンダン
砂糖と水飴を煮詰め、白くなるまで練った飴状のもので、お菓子にかける糖衣。
湯煎にかけて人肌くらいの温かさに調整してから、
シロップでやわらかくして使う。

Recette 5

◆準備
◎バターは室温において、やわらかくしておく。
◎オレンジの皮はすりおろす。
◎薄力粉をふるう。
◎型にバター（分量外）を塗り、冷蔵庫で冷やしてから、強力粉（分量外）をふって余分な粉をおとす。
◎小鍋に A を入れて加熱し、シロップを作る。
◎オーブンと天板を 190℃に予熱しておく。

◆作り方
1. **生地作り**　ボウルにバターを入れ、木ベラで練り混ぜる。粉糖を3回に分けて加え、ホイッパーで大きな円を描くように混ぜる。
2. 溶きほぐした卵を少しずつ加え、その都度混ぜる。卵を6割ほど入れたら、アーモンドパウダーを2回に分けて加え、混ぜ合わせる。残りの卵を3～4回に分けて加え、混ぜ合わせる。
3. バニラオイル、すりおろしたオレンジの皮を加えて混ぜる。さらに薄力粉を加え、ボウルを手前に回転させながら木ベラでボウルの底からすくい上げるようにして粉が見えなくなるまで混ぜ合わせる。
4. ラム酒を加えて混ぜる。型に流し入れる。
5. **焼成**　170℃のオーブンで、45～50分ほど焼く。焼き上がりの目安は、生地の中央を指で押して弾力があればOK。
6. **仕上げ**　粗熱が取れたら、熱したジャムを刷毛で塗り、常温に2時間ほどおき、表面を乾かす。
7. ボウルにフォンダンを入れ、湯煎にかけて人肌程度に温める。シロップを加えて、流せる程度のかたさに調整する。
8. 7を6にかけて、パレットで上面と側面を平らに整える。アーモンドと半割りにしたドレンチェリーを飾る。

ガトー・ドゥ・サヴォワ
Gâteau de Savoie
Données P115

ふんわり食感のあっさりした味わいなので、そのままでももちろん美味しいのですが、生クリームやジャムを添えて食べるとさらに美味しいです。焼いた当日から翌日のうちに食べるのがおすすめ。常温で保存を。

◆材料［直径15cm・高さ12cmのサヴォワ型×1台分］

卵黄 ≡ 60g

グラニュー糖 ≡ 120g

バニラスティック ≡ 1/5本

バニラオイル ≡ 2滴

卵白 ≡ 126g

塩 ≡ 0.2g

薄力粉 ≡ 46g

コーンスターチ ≡ 44g

◆準備

◎バニラスティックはさいて、ナイフの背で種をとる**A**。
◎薄力粉、コーンスターチを合わせてふるう。
◎型にバター（分量外）を塗り、冷蔵庫で冷やしてから、強力粉（分量外）をふって余分な粉をおとす。
◎オーブンと天板を190℃に予熱しておく。

◆作り方

1. **生地作り**　ボウルに卵黄、3割程度のグラニュー糖、バニラビーンズ、バニラオイルを入れ、白っぽくなるまでホイッパーで混ぜる**a**。
2. 別のボウルに卵白、塩を加え、ハンドミキサー（低速）で40秒泡立てる。残りのグラニュー糖を3回に分けて加え、ハンドミキサー（高速）で、しっかりとしたメレンゲを作る**b**。
3. *1*にひとすくいのメレンゲを加え**c**、ホイッパーで円を描くように混ぜる。
4. 残りのメレンゲの半分を加え、ゴムベラでボウルの底からすくいあげるように混ぜる。8割ほど混ざったら、粉類の半量を加え、同様に混ぜる。これをもう一度繰り返し**d**、粉が見えなくなるまで混ぜる**e**。
5. 型に流し入れ、中央を低く、周囲を高く、ゴムベラで整える**f**。
6. **焼成**　170℃のオーブンで40～50分焼く。
7. **仕上げ**　すぐに型から出し、粗熱が取れたら、粉糖（配合外）をふる。

トゥルト・デ・ピレネー
Tourte des Pyrénées
Données p.132

焼き立ては、周囲がサクッ、なかはふわっとした食感です。時間がたつにつれ、全体がしっとりとして、パスティスの風味も感じられます。乾燥を防ぐためラップで包み、常温または冷蔵での保存を。日持ちは2〜3日です。

◆材料［直径18cmのブリオッシュ型×1台分］

バター ≡ 100g
グラニュー糖 ≡ 100g
バニラスティック ≡ 1/4本
バニラオイル ≡ 2滴
粉糖 ≡ 18g
アーモンドパウダー ≡ 18g
全卵 ≡ 125g
薄力粉 ≡ 164g
ベーキングパウダー ≡ 4g
パスティス* ≡ 20g

〈シロップ〉

A │ グラニュー糖 ≡ 20g
　│ 水 ≡ 15g

パスティス ≡ 10g

＊フランスのリキュールの一種。スターアニスやリコリス、フェンネルなどのハーブで風味付けされている。

◆準備

◎バターは室温において、やわらかくしておく。
◎バニラスティックはさいて、ナイフの背で種をとる。
◎薄力粉、ベーキングパウダーを合わせてふるう。
◎型にバター（分量外）を塗り、冷蔵庫で冷やしてから、強力粉（分量外）をふって余分な粉をおとす。
◎オーブンと天板を190℃に予熱しておく。
◎シロップを作る。小鍋にAを入れて加熱する。グラニュー糖が溶けて粗熱がとれたら、ここから10gをとり、パスティスを混ぜる。

◆作り方

1. **生地作り**　ボウルにバターを入れ、木ベラで練り混ぜる。グラニュー糖を4回に分けて加え、その都度30回混ぜる。バニラビーンズとバニラオイルを加えて混ぜる。
2. 粉糖とアーモンドパウダーを順に加え、その都度ホイッパーでよく混ぜる。
3. 溶きほぐした卵を10回に分けて加え、その都度混ぜる。7〜8回目に、粉類の1/5量を加えて混ぜ合わせる。残りの卵を加えて、混ぜ合わせる。
4. 残りの粉類を2回に分けて加え、その都度ボウルを手前に回転させながら、木ベラでボウルの底からすくい上げるようにして、艶が出るまで混ぜる。パスティスを加えて、よく混ぜ合わせる。
5. 生地を型に入れて、中央が低くまわりが高くなるように、ゴムベラで整える。
6. **焼成**　170℃のオーブンで55分焼く。
7. **仕上げ**　焼き上がったらすぐに、刷毛でシロップを全面に塗る。粗熱が取れたら、茶こしで粉糖（分量外）をかける。

コロンビエ
Colombier
Données P144

焼いた翌日以降の方がアーモンドやドライフルーツの味がなじんできます。表面の糖衣がべたつきやすいため、保存は冷蔵庫で、食べるときに常温に戻してください。冷蔵庫で1週間ほど保存できます。

◆材料［上口直径18cm・底口直径14.5cmのマンケ型×1台分］

粉糖 ≡ 75g
アーモンドパウダー ≡ 75g
卵白 ≡ 9g
水 ≡ 9g
全卵 ≡ 93g
バニラオイル ≡ 2滴
コーンスターチ ≡ 22g
オレンジピール（5mm角）≡ 50g
グラン・マルニエ* ≡ 5g
ラム酒漬けレーズン（市販品）≡ 38g
ラム酒 ≡ 5g
バター ≡ 40g
アプリコットジャム ≡ 適量
アーモンドアッシェ
　（アーモンドを自分で刻んでもOK）≡ 33g
マジパン（ハト用）≡ 約18g

〈グラス・オ・ロム〉
粉糖 ≡ 45g
ラム酒 ≡ 6g
水 ≡ 4g

〈ピンクのクラクラン〉
アーモンドアッシェ ≡ 24g
グラニュー糖 ≡ 24g
水 ≡ 8g
色素（赤）≡ 少量

* グラン・マルニエ
フランスのオレンジ・リキュール。
コニャックにビターオレンジのエキスを加えた深みのあるオレンジの香り。
オレンジやチョコレートのお菓子と特に相性が良い。

◆準備
◎コーンスターチをふるう。
◎オレンジピールにグラン・マルニエをふり、一晩おく。
◎バターを湯煎で溶かす。
◎型にバター（分量外・1/5程度の強力粉を練り混ぜたもの）を多めに塗り、アーモンドアッシェを全面にはりつける。
◎マジパンでハトを作る。
◎ピンクのクラクランを作る。アーモンドアッシェを170℃のオーブンで10分ローストする。小鍋にグラニュー糖、水、色素を加え、117度まで熱したら、火を止めてアーモンドアッシェを加える。木ベラで混ぜ続け、粉を吹いたら完成。
◎オーブンと天板を190℃に予熱しておく。

◆作り方
1. **生地作り** ボウルに粉糖とアーモンドパウダー入れてゴムベラで混ぜる。卵白と水を加えてなじませましたら、手でしっかりこねる。溶きほぐした卵の1/5量を加え、全体が均一になるように手で混ぜ合わせる。
2. 残りの卵の半量を加え、ハンドミキサー（高速）で3分、残りを全て加え、同様に3〜4分泡立てる。
3. バニラオイル、コーンスターチを加え、ゴムベラで底からすくい上げるように、粉が見えなくなるまで混ぜる。
4. オレンジピールとラム酒漬けレーズン、ラム酒を加え、8割程度混ぜる。溶かしバターを加え、ゴムベラで底からすくい上げるようにゆっくり混ぜる。型に流し入れる。
5. **焼成** 170℃のオーブンで45分焼く。焼き上がりの目安は、生地の中央を指で軽く押して、弾力があるなら OK。
6. **仕上げ** 粗熱が取れたら、熱したジャムを刷毛で塗り、常温で2時間ほどおき、表面を乾かす。
7. グラス・オ・ロムを作る。ボウルに粉糖を入れ、ラム酒、水を加える。かたさをみて、分量外の水または粉糖を加えて調整する。6の全体に刷毛で薄く塗る。
8. 7にピンクのクラクランを飾り、グラス・オ・ロムに透明感が出るまで、210℃に予熱したオーブンに60〜90秒入れる。冷めたら、ハトのマジパン細工を中央に飾る。

ナヴェット
Navette

Données P146

南仏の乾いたクッキー。油脂分が少なく、あっさりとした素朴な味わい。地域によって形は異なるが、今回はニース風の小さなひし形のものををご紹介。2週間ほど常温で日持ちする。

◆材料［長さ5.5cm×17個分］

薄力粉 ≡ 100g

粉糖 ≡ 50g

ベーキングパウダー ≡ 0.6g

オレンジの皮 ≡ 1/3個分

全卵 ≡ 25g

バター ≡ 14g

オレンジの花の水* ≡ 3g

* オレンジの花の水
オレンジの花のつぼみを蒸留したエッセンス。
ない場合は、オレンジ・リキュールや牛乳を同じ分量使用して。

◆準備
◎薄力粉と粉糖、ベーキングパウダーを合わせてふるう。
◎バターは室温において、やわらかくしておく。
◎オレンジの皮はすりおろす。
◎オーブンを210℃に予熱しておく。

◆作り方
1. **生地作り** 台の上に粉類、粉糖、オレンジの皮を出し、手でなじませるa。
2. 円形に整え、中央に溶きほぐした卵、バター、オレンジの花の水を入れるb。手とカードを使って全体を混ぜ合わせるc。
3. まとまったらd、ラップで包み、冷蔵庫で1時間～一晩休ませる。
4. 生地を17分割（1つ約11g）する。長さ5～5.5cmで両端が細くなるよう、片端ずつ手のひらで成形するe。表面に溶きほぐした全卵（分量外）を刷毛で薄く塗りf、中央にナイフで浅く切込みを入れる。
5. **焼成** 190℃のオーブンで16～18分ほど焼く。
   *シルパンを敷いて焼くと、形がふっくらと焼き上がる。

クロッカン
Croquant
Données P153

ザクザク、カリカリとした食感が楽しいクロッカンは、湿気てしまわないように乾燥剤とともに密封して保存を。2週間ほど日持ちがするので、焼き上がってからも長く楽しめます。

◆材料［直径6.5cm×10個分］

卵白 ≡ 17g

粉糖 ≡ 67g

薄力粉 ≡ 20g

アーモンド* ≡ 60g

全卵 ≡ 適量

粉糖 ≡ 適量

*アーモンドのほかに、ヘーゼルナッツやピスタチオをミックスしても美味しい。

◆準備

◎薄力粉をふるう。
◎アーモンドは170℃のオーブンで10分ローストし、冷めたら¼にカットする。
◎オーブンを170℃に予熱しておく。

◆作り方

1. **生地作り** ボウルに卵白、粉糖を入れ、跡が少し残るくらいに、ハンドミキサー（高速）で2分泡立てる。薄力粉を加え、ゴムベラで混ぜる。
2. カットしたアーモンドを加えてひとまとめにし、台の上に出す。
3. 2を包丁で刻み、ナッツを細かくしながら生地となじませる。これを、ナッツが7mm角になるまで続ける。
    *粉っぽいときには少量の卵白（分量外）を、逆に水分が多いときには少量の粉糖（分量外）を足すと良い。
4. 生地を10等分（1つ約16g）にし、丸める。オーブンシートの上にのせて、手のひらで押しつぶし、指で平らな丸い形状に整える。
5. 全卵を溶きほぐし、刷毛で4に塗り、表面に粉糖をふるう。
6. **焼成** 150℃のオーブンで30分焼く。

カニストレリ
Canistrelli
Données P157

コルシカでは特産の栗粉を使うこともある素朴な味わいのクッキー。栗粉を小麦粉に置き換えて、レモンやオレンジの皮で香りを付けても美味しいです。日持ちは常温で10日ほど。

◆材料［3cm角の正方形×35個分］

バター ≡ 80g
グラニュー糖 ≡ 60g
きび砂糖 ≡ 20g
全卵 ≡ 72g
バニラオイル ≡ 2滴
薄力粉 ≡ 125g
栗粉* ≡ 75g
ベーキングパウダー ≡ 4g

* 栗粉
渋皮などを取った栗を乾燥させて挽いたもの。
フランスのコルシカやイタリアのトスカーナ地方で多く使われている。

◆準備
◎バターと卵は常温においておく。
◎グラニュー糖ときび砂糖は合わせておく。
◎薄力粉、栗粉、ベーキングパウダーを合わせてふるう。
◎オーブンを190℃に予熱しておく。

◆作り方
1. **生地作り** ボウルにバターを入れ、木ベラで練り混ぜる。砂糖類を3回に分けて加え、その都度30回混ぜる。
2. 溶きほぐした卵を5回に分けて加え、その都度30回混ぜる。分離しそうなときは粉類を1/6量ほど先に加えて混ぜると良い。
3. バニラオイルを加える。粉類を半量加え、ボウルを手前に回転させながら、木ベラでボウルの底からすくい上げるようにして、粉が見えなくなるまで混ぜる。これをもう半量分繰り返す。粉が見えなくなったら、カードで全体をしっかり混ぜる。
4. 生地をラップで包み、冷蔵庫で一晩休ませる。
5. 生地を台の上に出し、麺棒で1cm厚にのばし、冷凍庫で15分ほど休ませる。
6. 3×3cmに包丁でカットし、表面にグラニュー糖（分量外）を付ける。
7. **焼成** 170℃のオーブンで20分焼く。

フランス菓子店案内

本書でお菓子の掲載にご協力いただいたお店をご紹介します。

※ Ⓐ 住所　Ⓣ 電話番号　Ⓗ 営業時間・休業日
※お店によっては、お菓子の名称や形態などは、本書掲載のものと異なる場合があります。
　また参考商品もありますので、ご了承ください。

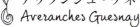

アヴランシュ・ゲネー
Averanches Guesnay

都内、ノルマンディ地方で修業後、神楽坂のアグネスホテルのパティスリー「ル・コワンヴェール」でシェフを務めた。スイーツをテーマにした映画「洋菓子店コアンドル」の製菓監修も手掛ける。2015年開業し、独創的でモダンなお菓子が人気を集める注目店。

Ⓐ 東京都文京区本郷 4-17-6 1階
Ⓣ 03-6883-6619
Ⓗ 10:00 〜 19:00　月曜・不定休

アミティエ 神楽坂
Amitié Kagurazaka

神楽坂の喧騒から逃れた落ち着いた一角にあり、サロンでは美味しい紅茶とお菓子を楽しめる。パリのル・コルドン・ブルーやパティスリーでお菓子を学んだ三谷智恵シェフは焼き菓子が得意で、特に季節の素材を使ったタルトは人気が高い。

Ⓐ 東京都新宿区築地町 8-10
Ⓣ 03-5228-6285
Ⓗ 10:00 〜 20:00、〜 19:00（月曜）
火曜休

アルカション
ARCACHON

国内のパティスリーやアキテーヌ地方のボルドーで修業した森本慎シェフが、2005年に開業。フランスの田舎を彷彿させる店内では、ランチやワインなどの軽食も楽しめる。スペシャリテは修業先ボルドーの銘菓のカヌレ。何度でも食べたくなる逸品だ。

Ⓐ 東京都練馬区南大泉 5-34-4
Ⓣ 03-5935-6180
Ⓗ 10:30 〜 20:00　月曜・不定休

アンリ・ルルー（伊勢丹新宿店）
HENRI LE ROUX

ブルターニュ地方のキブロンに創業し、現在はパリ、東京に店舗を構える。創始者アンリ・ルルーが作り出したキャラメル「C.B.S.（セー・ベー・エス）」がスペシャリテ。現在は2代目シェフのジュリアン・グジアンがそのエスプリと伝統を受け継いでいる。

Ⓐ 東京都新宿区新宿 3-14-1 伊勢丹新宿店本館地下1階 カフェ エ シュクレ
Ⓣ 03-3352-1111（大代表）
Ⓗ 10:30 〜 20:00　不定休

ヴィロン（渋谷店）
VIRON

フランス直輸入の粉で焼き上げた商品が人気で、粉の旨みと香ばしさを感じる「バゲットレトロドール」がスペシャリテ。フランスの伝統菓子や定番菓子も豊富で、焼きたてのフィナンシェやマドレーヌをはじめエクレアやババなどがそろう。

Ⓐ 東京都渋谷区宇田川町 33-8
Ⓣ 03-5458-1770
Ⓗ 9:00 〜 22:00　無休

エーケーラボ
A.K.Labo

よそゆきではない、日常的にフランスで親しまれているお菓子が並ぶお店。庄司あかねシェフは、もともと料理本などのデザイナー出身。独自のセンスと力強い菓子の表現力がある。フランスの地方菓子が毎月1種類ずつ新作として登場している。

- 東京都武蔵野市中町 3-28-11
- 0422-38-9272
- 10:00 〜 19:00
  水休・第 1 第 3 木曜休

グラッシェル
GLACIEL

世界でも珍しいアントルメグラッセ（アイスケーキ）と生アイスの専門店。見た目に楽しく、厳選されたフルーツやチョコレートなどの素材を活かしたアイスケーキが人気。2階のサロンではアイスのデザートやランチも楽しめる。

- 東京都渋谷区神宮前 5-2-23
- 03-6427-4666 （代表）
- 11:00 〜 19:00　無休

シャンドワゾー
Chant d'Oiseau

国内やベルギーのパティスリーで修業経験のある村山太一シェフが2010年に開業。素材を活かしたシンプルなお菓子や、美しく上品な味わいのチョコレートがそろう。クロワッサンやクグロフなどの発酵菓子のファンも多い。

- 埼玉県川口市幸町 1-1-26
- 048-255-2997
- 10:00 〜 20:00、火曜休

シュクレリーナード
SUCRERIES NERD

伝統菓子をこよなく愛する久保直子シェフの世界観を楽しめるお店。日本、フランスで修業を重ね、2012年に開業。生地の美味しさを味わえるガトー・バスクやクグロフなどの焼きっぱなしのお菓子がそろう。

- 東京都大田区雪谷大塚 19-6
- 03-6425-8914
- 10:00 〜 20:00　水曜休

トゥジュール
TOUJOURS

自然に囲まれた山陰の地に2011年にオープン。四季折々の季節を感じるケーキや石窯を使って焼いた自家製酵母のパン、そして薪の炎で焼いたガトー・ア・ラ・ブロッシュを作っている。自然と向きあった食を作り出している。

- 鳥取県岩美郡岩美町岩本 688-45
- 0857-73-5070
- 10:00 〜 18:30　水曜休

ハイアット リージェンシー 東京 （ペストリーショップ）
HYATT REGENCY TOKYO

スタイリッシュなホテルのペストリーショップでは、洗練されたお菓子をテイクアウトできる。ペストリー・ベーカー料理長の佐藤浩一氏と、ペストリーシェフの仲村和浩氏による個性豊かなスイーツの世界観は、同ホテルのカフェで提供されるデザートでも堪能できる。

- 東京都新宿区西新宿 2-7-2 ロビーフロア 2 階
- 03-3348-1234 （代表）
- 10:00 〜 21:00　無休

パッション ドゥ ローズ
Passion de Rose

クリエイティブな才能を持つ田中貴士シェフ。フランス菓子への情熱を店名に投影し、それをお菓子にも表現している。スペシャリテは赤いバラをイメージした「ローズ」。毎月フランスの地方をテーマにしたお菓子が新作として登場し、話題を集めている。

- A 東京都港区白金 1-13-12
- T 03-5422-7664
- H 10:00 ～ 19:00　無休

パティシエ・シマ
Pâtissier Shima

クレメ・ダンジューを日本に紹介した島田進シェフが 1998 年に開業。なかにフランボワーズを閉じ込めた「クレーム・アンジェ」はお店のスペシャリテ。現在は息子の徹シェフも加わり、伝統的なお菓子に新たな風を吹き込んでいる。

- A 東京都千代田区麹町 3-12-4
- T 03-3239-1031
- H 10:00 ～ 19:00、～ 17:00（土・祝）日曜休

パティスリークロシェット
PATISSERIE CLOCHETTE

旬のフルーツやチョコレートを使ったケーキが人気のパティスリー。丁寧に作られたケーキと上品な味で常連客も多い。鈴木幸仁シェフはアルザスの魅力を伝えるべく、地方菓子の研究を熱心に行っている。

- A 静岡県藤枝市高柳 3-26-32
- T 054-636-7336
- H 10:00 ～ 19:00　月曜休

パティスリー・パクタージュ
Pâtisserie PARTAGE

フランスで修行経験のある齋藤由季シェフが 2013 年に開業。しっかり焼きこまれた香ばしい焼き菓子や発酵菓子、修業先であるフランスのリヨンを思わせる赤いプラリーヌを使用したお菓子に注目したい。

- A 東京都町田市玉川学園 2-8-22
- T 042-810-1111
- H 10:00 ～ 19:00　火曜休（水曜不定休）

パティスリー ユウ ササゲ
Pâtisserie Yu Sasage

フランス菓子の名店やイタリア料理店などで幅広く菓子を学んだ捧雄介氏が 2013 年に開業。淡く優しいミントグリーンの外観が目をひく。伝統菓子の良さを活かしながら、独自のエッセンスをちりばめた新しいスタイルのお菓子が人気を集めている。

- A 東京都世田谷区南烏山 6-28-13
- T 03-5315-9090
- H 10:00 ～ 19:00　火曜、第 2 水曜休

パティスリー ロタンティック
Pâtisserie L'Authentique

クラシックなフランス菓子を基調に、関本祐二シェフのセンスが加わったお菓子が種類豊富にそろう。現代的でモダンなお菓子と古い伝統菓子が違和感なく共存し、2013 年の開業以来着々とファンを増やしている。店内を飾るフランスの小物も必見。

- A 埼玉県さいたま市南区文蔵 2-29-19
- T 048-839-8227
- H 10:00 ～ 20:00　木曜休

ピュイサンス
PUISSANCE

フランスに昔からあるようなクラシックな雰囲気の店内には、ケーキのほかに焼き菓子や発酵菓子が種類豊富にそろう。井上佳哉シェフはローヌ地方、ノルマンディ地方やバスク地方での修行経験もあり、地方菓子の造詣も深い。

- A 神奈川県横浜市青葉区みたけ台 31-29
- T 045-971-3770
- H 10:00 〜 18:00　不定休

フレデリック・カッセル（銀座三越）
Frédéric Cassel

パリ郊外の古都、フォンテーヌブローに本店を構える。良質な素材を使った、美味しく華やかなお菓子で人々を魅了している。看板商品のミルフイユ・ヴァニーユは、フランスパティスリー連合主催のコンテストで「ベスト・ミルフィーユ」を受賞している。

- A 東京都中央区銀座 4-6-16 銀座三越 B2 階
- T 03-3535-1111（大代表）
- H 10:30 〜 20:00　不定休

ブロンディール
BLONDIR

ロレーヌ地方で修行経験のある藤原和彦シェフは、焼き菓子、発酵菓子をはじめ、幅広いフランス地方菓子を手がけ、その品ぞろえは圧巻。2004 年に開業し、2015 年に現在の場所に移転。クラシックな内装で、まるでフランスのパティスリーのような空気感を味わえる。

- A 東京都練馬区石神井町 4-28-12
- T 03-6913-2749
- H 10:00 〜 20:00（平日）、〜 19:30（土日祝）　水曜休

リチュエル パー クリストフ・ヴァスール
RITUEL par Christophe Vasseur

パリの人気ブーランジュリー「デュ・パン・エ・デジデ」のクリストフ・ヴァスール氏が日本に展開するブランド。国内外の良質な素材を使用したヴィエノワズリーの数々が人気を呼んでいる。スペシャリテは、芳醇なバターの香りと、自家製クリームのフレッシュ感が特徴のエスカルゴ。

- A 東京都港区北青山 3-6-23
- T 03-5778-9569
- H 8:00 〜 19:00（平日）、9:00 〜（土日祝）　不定休

リョウラ
Ryoura

フランスの伝統を大切にしながら卓越したセンスで人々を魅了する菅又亮輔シェフが 2015 年に開業。色鮮やかで美しいマカロンにファンが多く、マカロンレシピの著書もある。複雑な構成のお菓子も美味しいが、シンプルなロールケーキも絶品。

- A 東京都世田谷区用賀 4-29-5
- T 03-6447-9406
- H 11:00 〜 19:00　不定休

アニス・ドゥ・フラヴィニー
http://www.anis-flavigny.com/

ブルゴーニュ地方のフラヴィニー＝シュル＝オズランの修道院跡で作られている歴史あるキャンディー。日本での取り扱い店舗は成城石井（一部フレーバーのみ）など。

マゼ（片岡物産）
http://www.mazet.jp

サントル地方のモンタルジーの老舗菓子店。パリにも店舗があり、日本で取り扱いのない限定商品も多数そろう。日本ではバレンタインの催事やオンライン等で購入できる。片岡物産お客様相談室 0120-941440

索引

【あ】
アニス・ドゥ・フラヴィニー…104
アニョー・パスカル…48
アルザスのパン・デピス…57
アルザス風のフルーツタルト…54
ヴィジタンディーヌ…67

【か】
ガトー・ア・ラ・ブロッシュ…130
ガトー・オ・ショコラ・ドゥ・ナンシー…70
ガトー・ドゥ・サヴォワ…115
ガトー・ナンテ…99
ガトー・バスク…138
ガトー・バチュ…36
ガトー・ブルトン…80
カニストレリ…157
カヌレ・ドゥ・ボルドー…122
カリソン・デクス…152
ガレット・ドフィノワーズ…110
ガレット・ナンテーズ…98
ガレット・ブルトンヌ…76
ガレット・ブレッサンヌ…107
ガレット・ペルージェンヌ…106
キャラメル・オ・ブール・サレ…82
クイニー＝アマン…78
クグロフ…46
クッサン・ドゥ・リヨン…108
クラフティ…136
クラミック…39
クルスタッド・オ・ポム…133
くるみのタルト…126
クレープ…79
クレーム・カタラーヌ…156
クレーム・シャンティイ…35
クレメ・ダンジュー…97
クロケ・オ・ザマンド…105
クロッカン…153
ケーク・エコセ…55
ゴーフル・フーレ…41
コロンビエ…144

コンヴェルサシオン…30

【さ】
サブレ・ノルマン…87
サン＝ジャン＝ドゥ＝リュズのマカロン…137
サン＝トノーレ…32
スイス・ドゥ・ヴァランス…113
すみれの花の砂糖漬け…135

【た】
ダコワーズ…124
タルト・オ・プラリーヌ・ルージュ…111
タルト・オ・シュクル…40
タルト・オ・フロマージュ・ブラン…49
タルト・タタン…90
タルト・ノルマンド…84
タルト・リンツァー…56
ディジョンのパン・デピス…102
トゥーロン・バスク…141
トゥルトー・フロマジェ…128
トゥルト・デ・ピレネー…132
トロペジェンヌ…150

【な】
ナヴェット…146
ニフレット…34
ヌガー・ドゥ・トゥール…96

【は】
ババ…64
パリ＝ブレスト…28
パレ・ブルトン…76
ビスキュイ・ドゥ・ランス…117
ピティヴィエ・フィユテ…92
ピティヴィエ・フォンダン…94
ファー・ブルトン…81
ファリュ…83
フィアドーヌ…158
フェネトラ…134
フォレ・ノワール…53
フガス…149
ブラン＝マンジェ…155
ブリオッシュ・ドゥ・サン＝ジュニ…112

フリュイ・コンフィ…148

ブリュノー・フーレ…125

ブレデル…50

ブロワイエ・デュ・ポワトゥー…129

ペ゠ドゥ゠ノンヌ…116

ベラヴェッカ…51

ベルガモット・ドゥ・ナンシー…69

ベレ・バスク…140

ポン゠ヌフ…31

【ま】

マカロン・ダミアン…38

マカロン・ドゥ・ナンシー…68

マカロン・パリジャン…33

松の実のクロワッサン…147

マドレーヌ…62

マナラ…52

ミヤス…127

ミラベルのタルト…66

メレンゲ…71

モンタルジーのプラリーヌ…95

モンテリマールのヌガー…114

【ら】

ルーアンのミルリトン…86

ルスキーユ…154

参考文献

『「オーボン ヴュータン」のフランス郷土菓子』河田勝彦著（誠文堂新光社）

『名前が語る お菓子の歴史』ニナ・バルビエ、エマニュアル・ペレ著（白水社）

『フランス 伝統的な焼き菓子』大森由紀子著（角川マガジンズ）

『私のフランス地方菓子』大森由紀子著（柴田書店）

『フランス菓子図鑑』大森由紀子著（世界文化社）

『ア・ポワン 岡田吉之のお菓子 シンプルをきわめる』岡田吉之著（柴田書店）

『ドイツ菓子大全』安藤明監修（柴田書店）

『お菓子でたどるフランス史』池上俊一著（岩波書店）

『フランスの地方菓子』ジャン゠リュック・ムーラン著（学習研究社）

『お菓子の由来物語』猫井登著（幻冬舎ルネッサンス）

『フランスのお菓子めぐり 子どもが夢見るプチガトー』マリー・ル゠ゴアズィウ、カトリーヌ・ドゥ゠ウーグ著（グラフィック社）

『フレデリック・カッセル 初めてのスイーツ・バイブル』フレデリック・カッセル監修（世界文化社）

『美しいフランス菓子の教科書』メラニー・デュピュイ著（パイインターナショナル）

『パティスリー・フランセーズそのイマジナスィオン・フィナル 3. フランス菓子その孤高の味わいの世界』弓田亨著（イル・プルー・シュル・ラ・セーヌ企画）

『お菓子の歴史』マグロンヌ・トゥーサン゠サマ著（河出書房新社）

『プロのためのわかりやすいフランス菓子』川北末一著（柴田書店）

『増補新装版 図説 フランスの歴史』佐々木真著（河出書房新社）

『[新] 洋菓子辞典』（白水社）

『王のパティシエ ストレールが語るお菓子の歴史』ピエール・リエナール、フランソワ・デュトゥ、クレール・オーゲル著（白水社）

『LA LORRAINE GOURMANDE』Jean-Marie Cuny 著（GENS DE LORRAINE）

『Bredele de Noël d'hier et d'aujourd'hui』Bernadette Heckmann, Nicole Burckel 著（ID L'Edition）

『Petits fours & bredele d' Alsace』Josiane Syren 著（SAEP）

『Desserts et délices de Lorraine : Recettes, produits du terroir, traditions』Michèle Maubeuge 著（ Place Stanislas Editions）

『Les bonnes saveurs-Douceurs de nos régions』（ATLAS）

『La grande histoire de la patisserie-confiserie française』S.G. Sender, Marcel Derrien 著（Minerva）

『Le Tour de France gourmand』Gilles Pudlowski 著（Editions du Chêne）

『Temptation of Chocolate』Jacques Mercier 著（Lannoo Publishers）

下園昌江（しもぞの・まさえ）

お菓子研究家。大学卒業後、日本菓子専門学校で和洋菓子を学ぶ。卒業後、パティスリーで6年間修業。現在はフランス菓子の素朴な魅力を伝えるべく、お菓子教室やイベントを主宰するほか、お菓子研究家として様々な媒体でおすすめのお菓子を紹介。フランス菓子への造詣を深めるべく、フランスの地方菓子を巡る旅を企画している。http://douce.cocolog-nifty.com/

深野ちひろ（ふかの・ちひろ）

大学卒業後、大手電機メーカーの海外宣伝部で勤務。海外出張へ行くうちに、フランス菓子と料理、ワインに魅了される。退職後、フランス料理・製菓・ワイン・チーズのスクールに通い、フランス全地方を食べ歩く。フランスの地方のお菓子と料理をまとめたウェブサイト「フランスおいしい旅ガイド」を主宰。現在は、酒器の魅力を伝える酒器屋としても活動している。http://candle-chocolat.com/

[STAFF]
デザイン／塙 美奈（ME&MIRACO）
写真／鈴木泰介
スタイリング／曲田有子
イラスト／松尾ミユキ
DTP／宇田川由美子
校正／鷗来堂
編集／脇 洋子（マイナビ出版）

[材料提供]
cuoca（クオカ）
http://www.cuoca.com ☎ 0570-00-1417（10:00〜18:00）

TOMIZ（富澤商店）
https://tomiz.com/ ☎ 042-776-6488

フランスの素朴な地方菓子
長く愛されてきたお菓子118のストーリー

2017年3月3日　初版第1刷発行

著者　下園昌江　深野ちひろ
発行者　滝口直樹
発行所　株式会社マイナビ出版
　　　　〒101-0003 東京都千代田区一ツ橋2-6-3 一ツ橋ビル2F
　　　　☎ 0480-38-6872（注文専用ダイヤル）　☎ 03-3556-2731（販売）　☎ 03-3556-2736（編集）
　　　　E-MAIL pc-books@mynavi.jp　URL http://book.mynavi.jp
印刷・製本　シナノ印刷株式会社

【注意事項】
・本書の一部または全部について個人で使用するほかは、著作権法上（株）マイナビ出版および著作権者の承諾を得ずに無断で複写、複製することは禁じられています。
・本書についてご質問等ございましたら、上記メールアドレスにお問い合わせください。インターネット環境のない方は、往復はがきまたは返信用切手、返信用封筒を同封の上、（株）マイナビ出版編集5部書籍編集課までお送りください。
・乱丁・落丁についてのお問い合わせは、☎ 0480-38-6872（注文専用ダイヤル）、電子メール：sas@mynavi.jp までお問い合わせください。
・本書の記載は2017年1月現在の情報に基づいております。
・定価はカバーに記載しております。

ISBN978-4-8399-5773-5　C2077　　Printed in Japan
©2017 masae shimozono　©2017 chihiro fukano　©2017 Mynavi Publishing Corporation